BAILE
DE
MÁSCARAS

Rosiska Darcy de Oliveira

BAILE
DE
MÁSCARAS

Rocco

Copyright © 2014 *by* Rosiska Darcy de Oliveira

Direitos desta edição reservados à
EDITORA ROCCO LTDA.
Av. Presidente Wilson, 231 – 8º andar
20030-021 – Rio de Janeiro, RJ
Tel.: (21) 3525-2000 – Fax: (21) 3525-2001
rocco@rocco.com.br
www.rocco.com.br

Printed in Brazil/Impresso no Brasil

preparação de originais
JULIA WÄHMANN

CIP-Brasil. Catalogação na Publicação
Sindicato Nacional dos Editores de Livros, RJ

O51b

Oliveira, Rosiska Darcy de
  Baile de máscaras / Rosiska Darcy de Oliveira. – Rio de Janeiro: Rocco, 2014.

  ISBN 978-85-325-2879-7

  1. Crônica brasileira. I. Título.

13-06124
                                    CDD: 869.98
                                    CDU: 821.134.3(81)-8

O texto deste livro obedece às normas
do Acordo Ortográfico da Língua Portuguesa

À presença, sempre, de Mário Pedrosa,
Darcy Ribeiro e Paulo Freire.

Porque é cruel demais saber que a vida é única e que não temos como garantia senão a fé em trevas – porque é cruel demais, então respondo com a pureza de uma alegria indomável.

CLARICE LISPECTOR, *Água viva*

SUMÁRIO

A nau dos insensatos 13

ITINERÁRIO DAS MÁSCARAS

Um tempo sem nome.. 21
Nascer de novo 24
Navegando a olho nu... 27
O medo 30
Por acaso 33
Souvenirs 36
Sobre Deuses e Homens... 40
Itinerário das máscaras.. 43
Morrer na praia.. 47
Insônia 50
Hoje à noite.. 53

CORPO A CORPO

Elogio da paixão 59
Delícias do casamento 62
Sábado, de manhã 65
Fantasias masculinas.. 68
Como lembrar 71

DECIFRA-ME OU TE DEVORO

Digite sua senha... 77
Harvard e Realengo 80

Incorpórea população 83
O amor nos tempos da web 86
Paradoxo tragicômico.. 89

O VELHO E O NOVO

O velho e o novo.. 95
Verdade dos riscos e riscos da verdade.. 99
Indignai-vos! 102
Um avestruz nas areias de Angra 105
De Hipócrates a hipocrisia.. 107
A eterna vigilância... 110
O labirinto 113
Fim de festa 118
Uma escola sem receita... 121
Estranha forma de vida 124
O beijo da morte 127

UMA RENDA TÃO FINA

Fim da impunidade... 133
Uma renda tão fina.. 136
Afinal, o que é o feminino? 139
Três meninas e uma sentença.. 142
A lei não escrita 145
Vidas sustentáveis 148
A empregada foi embora 151
Laços e nós familiares 154

O ESPÍRITO DO LUGAR

Cafés 159
O espírito do lugar... 163
Os autores da cidade 166
Um crime de lesa-cidade 169

Bandidos e falsos espertos 172
Chuva de ouro sobre o Rio 175
Cultura da irresponsabilidade 178
Adversários e inimigos 181
Viver em voz alta 184

AQUARELA DO BRASIL

Livre terra de livres irmãos 189
Quem diria... 193
Três mitos e um enigma 196
Essa palavra que o sonho humano alimenta 199
A avó e a petroleira 202
Grande Brasil: veredas 205
Baile de máscaras 208
As cavalariças da política 211
O poder do dinheiro 214
As vítimas falam por si 217
Aquarela do Brasil 220
Sobre verdades e silêncios 225
O legado das ruas 227
Os jovens 230

ESPERANÇAS E ESPERTEZAS

Esperanças e espertezas 235

A nau dos insensatos[*]

Queremos ser felizes, queremos ser jovens, queremos ser magros, queremos ser célebres, a maior maravilha do mundo é comprar, seja lá o que for. Tratamos do corpo com mil cosméticos, óleos, massagens. Fazemos ginásticas, as academias são templos fundamentais, fazemos musculação, corremos, andamos, pedalamos, suamos. Vamos, de tempos em tempos, tirando pedacinhos velhos e gastos de nossa pele, nosso corpo. Plásticas que nos deformam, mas o que importa? Somos monstros jovens.

Gastamos milhões de dólares em Miami, em Nova York, nas Galeries Laffayette, em Paris, na Harrods, de Londres, nos shoppings de luxo (ai, que pena, a Daslu acabou). Decoramos nossa pele com tatuagens que vão de declarações de amor ao culto de deuses das novas religiões. Velhice? Palavra maldita, isole, afasta o mau agouro. Nunca use essa palavra, velhice. Para isso criamos eufemismos que nos afastam do inexorável tempo que nos devora: melhor idade, terceira idade, momento da sabedoria. Outro dia, desanimado com uma visão dupla sem diagnóstico, disse ao médico: a velhice é uma coisa chata. E ele: "Sim, mas a outra alternativa é pior."

---

[*] *A nau dos insensatos* é um clássico de 1494, escrito por Sebastian Brant, imensa alegoria dos tempos atuais. O livro abre com uma inscrição: "Rumo à insensatolândia! Sejamos todos alegres. Segui por aqui. A bordo! A bordo, irmãos! Vamos partir! Vamos partir!"

Nos falamos pelo Twitter, pelos iPhones, smartphones, nossa comunicação é com o mundo, estamos conectados com todo o planeta. Mas há quanto tempo não ouvimos a voz das pessoas amadas, queridas, que nos rodeiam? Há quanto tempo não olhamos para quem come à nossa frente e perguntamos: "Sua comida está boa?", "Gostou do passeio?", "Que maravilha esse filme!". As maquininhas tecnológicas são acionadas dentro dos cinemas, dos teatros, nas reuniões, nas palestras. Não, quem vai saber da comida, do lugar em que estamos, o que estamos fazendo, vendo, são aqueles que receberão nossas mensagens pelo instagram. Se o e-mail não é respondido no mesmo instante, chega outro, outro, outro, dezenas, porque a impaciência nos domina, a pressa, a velocidade, tudo é já, agora, imediatamente. Nossa vida se tornou mudança rápida de canais, vivemos o zapping, muda, muda, muda, nada nos satisfaz, é uma montanha-russa vertiginosa.

O que são as relações, o amor em tempos de web? Há relações? Somos informados de tudo, toneladas de acontecimentos chegam, uns soterrando os outros, o islamismo, a fome, os refugiados que fogem de países ditatoriais, a ameaça nuclear, as armas químicas, a queda da bolsa, Eike Batista perdendo bilhões. Não se perdem mais milhões, e sim bilhões... Sim, sim, vamos para as ruas, vamos protestar. Protestar contra o quê? Contra o quê sairemos daqui a pouco? Estou bem comigo mesmo, hoje manifestei-me na rua, acompanhando a multidão, assim como os antigos assinavam manifestos. Há a corrupção banalizada, deputados criminosos não perdem mandatos, o governo afirma que para governar tem de fazer alianças espúrias, concessões, cessões, acordos, mensalões.

Outro dia me perguntaram: o que é utopia, e eu não soube responder, porque elas nos embalavam, e agora o que nos embala é um relógio de grife, um vinho de milhares de reais, uma Ferrari, uma bolsa Vuitton, um iate. Indignação? O que é? Corram ao dicionário das palavras e sensações mortas. Lei Maria da Penha, prostituição infantil, estupros, burcas, Irã, impunidades masculinas, escárnio.

E as senhas? Vivemos numa sociedade regida pelas senhas, odiosas senhas, necessárias para tudo. Abrir a conta, tirar o extrato, acessar a internet, transferir dinheiro. Mas qual a senha para se viver? Para bem viver? E para ser jovem, envelhecer, transar, amar, seduzir, ser feliz? Qual é a senha? Ter paz, encontrarmos a nós mesmos e nossos sonhos perdidos. Qual é a senha de 20 milhões de dígitos que nos garantirá a imortalidade?

Rosiska, ah, Rosiska a manejar um bisturi afiado, implacável, a nos eviscerar. As lembranças, nostalgias, os filmes, os sonhos, os encontros determinantes em nossa vida, as casualidades (casualidades?), os encontros clandestinos (isso mesmo, clandestinos) com Deus, o incontrolável na vida, o ciberespaço, o casamento, a paixão, o amor de outono ou o do verão ardente, as multidões nas ruas, a perplexidade dos jovens. A ponte aérea Rio–São Paulo terá os voos diminuídos em oito minutos e o que ganhamos no ar perdemos nos engarrafamentos. Estão à venda passagens para chegar em Marte. Mas a viagem demora sete anos, quem tem paciência?

Há pessoas que conheci por meio do trabalho. Pessoas que me iluminaram. Mergulhei neste *Baile de máscaras* e fui regredindo até reencontrar uma das mulheres que me ensinaram a ver o mundo, a ver a mulher, a condição feminina. Rosiska me trouxe Carmen da

Silva, pioneira dos anos 60. Carmen, com quem trabalhei na revista *Claudia*, com quem aprendi a pensar, refletir, a olhar a mulher, a família, o sexo, a virgindade. Carmen que desafiou ditaduras e preconceitos e obscurantismos.

Anos atrás estava pesquisando para escrever a biografia de Ruth Cardoso e marquei uma entrevista com Rosiska Darcy de Oliveira, uma vez que ela tinha sido das amigas mais próximas daquela que foi única como primeira-dama. Cheguei apreensivo ao escritório dela no Rio de Janeiro. Rosiska, um mito para mim como professora e como linha de frente na batalha pelos direitos e para o entendimento do que é ser mulher mulher.

Conversamos por duas horas e fui me tranquilizando. À minha frente não estava uma intelectual exalando erudição, citações, teorias pomposas, frases herméticas a proclamar conceitos em forma de tese cheia de arrogância acadêmica. Ela (fiquei pasmo) conversava, contava histórias, casos, o pé profundamente no chão, me trazia sabedorias.

Comecei a ler este livro e não consegui parar. Cada texto me empurrava para o próximo, me vi embarcado num TGV. Alta velocidade. O que são estes textos? Crônicas, trechos de diários, poemas em prosa, contos? Rosiska parece amena, sedutora, e quando percebemos está a nos questionar, a nos aguilhoar. O que somos, fazemos, como somos e pensamos? Ela corrói suavemente e agradecemos por isso. Rosiska a cerzir uma roupa que usamos e não percebemos gasta, rota. Rosiska não nos engana, ela nos desperta, para viver.

Ela desvenda Dilma, a guerreira, exorciza a política que suga toda a energia do país. Ela nos revela coisas corriqueiras, como o sábado de manhã, os engarrafamentos, o sentido (ou falta de, ou o vazio) dos gestos cotidianos, as fantasias masculinas, "os barulhos que a vida urbana garante como companheiros a quem não dorme. Alguém que canta ou assobia, um caminhão de lixo que aproveita as sombras para cumprir sua tarefa humilhante de recolher os dejetos, o que ninguém mais quer, passos perdidos de um bêbado que ninguém mais quer, perdido sem saber de onde veio nem para onde vai contra a noite interminável, maldormida".

Poucas vezes mergulhei num turbilhão como este livro. Há um caos e nada compreendemos, porém Rosiska acredita que "são novas configurações do que chamaremos por algum tempo ainda de democracia e que talvez, em futuro próximo, encontrem um outro conceito que há de ser herdeiro do que nela é mais inegociável: a liberdade".

IGNÁCIO DE LOYOLA BRANDÃO

ITINERÁRIO
DAS
MÁSCARAS

Um tempo sem nome

Com seu cabelo cinza, rugas novas e os mesmos olhos verdes, cantando madrigais para a moça do cabelo cor de abóbora, Chico Buarque de Holanda vai bater de frente com as patrulhas do senso comum. Elas torcem o nariz para mais essa audácia do trovador. O casal cinza e cor de abóbora segue seu caminho, e tomara que ele continue cantando "eu sou tão feliz com ela" sem encontrar resposta ao "que será que dá dentro da gente que não devia".

Afinal, é o olhar estrangeiro que nos faz estrangeiros a nós mesmos e cria os interditos que balizam o que supostamente é ou deixa de ser adequado a uma faixa etária. O olhar alheio é mais cruel que a decadência das formas. É ele que mina a autoimagem, que nos constitui como velhos, desconhece e, de certa forma, proíbe a verdade de um corpo sujeito à impiedade dos anos sem que envelheça o alumbramento diante da vida.

Proust, que de gente entendia como ninguém, descreve o envelhecer como o mais abstrato dos sentimentos humanos. O príncipe Fabrizio Salinas, o Leopardo criado por Tommasi di Lampedusa, não ouvia o barulho dos grãos de areia que escorrem na ampulheta. Não fosse o entorno e seus espelhos, netos que nascem, amigos que morrem, não fosse o tempo "um senhor tão bonito quanto a cara do meu filho", segundo Caetano, quem, por si mesmo, se perceberia envelhecer? Morreríamos nos acreditando jovens como sempre fomos.

A vida sobrepõe uma série de experiências que não se anulam, ao contrário, se mesclam e compõem uma identidade. O idoso não anula dentro de si a criança e o adolescente, todos reais e atuais, fantasmas saudosos de um corpo que os acolhia, hoje inquilinos de uma pele em que não se reconhecem. E, se é verdade que o envelhecer é um fato e uma foto, é também verdade que quem não se reconhece na foto se reconhece na memória e no frescor das emoções que persistem. É assim que, vulcânica, a adolescência pode brotar em um homem ou uma mulher de meia-idade, fazendo projetos que mal cabem em uma vida inteira.

Essa doce liberdade de se reinventar a cada dia poderia prescindir do esforço patético de camuflar com cirurgias e botox – obras na casa demolida – a inexorável escultura do tempo. O pânico de envelhecer, que fez da cirurgia estética um próspero campo da medicina e de uma vendedora de cosméticos a mulher mais rica do mundo, se explica justamente pela depreciação cultural e social que o avançar na idade provoca.

Ninguém quer parecer idoso, já que ser idoso está associado a uma sequência de perdas que começam com a da beleza e a da saúde. Verdadeira até então, essa depreciação vai sendo desmentida por uma saudável evolução das mentalidades: a velhice não é mais o que era antes. Nem é mais quando era antes. Os dois ritos de passagem que a anunciavam, o fim do trabalho e da libido, estão, ambos, perdendo autoridade. Quem se aposenta continua a viver em um mundo irreconhecível que propõe novos interesses e atividades. A curiosidade se aguça à medida que se é desafiado por bem mais que o tradicional choque de gerações com seus conflitos e desentendimentos. Uma verdadeira mudança de era nos leva de roldão, oferecendo-nos ao mesmo tempo o privilégio e o susto de participar dela.

A libido, seja por uma maior liberalização dos costumes, seja por progressos da medicina, reclama seus direitos na terceira idade com uma naturalidade que em outros tempos já foi chamada de despudor. Esmaece a fronteira entre as fases da vida. É o conceito de velhice que envelhece. Envelhecer como sinônimo de decadência deixou de ser uma profecia que se autorrealiza. Sem, no entanto, impedir a lucidez sobre o desfecho.

"Meu tempo é curto e o tempo dela sobra", lamenta-se o trovador, que não ignora a traição que nosso corpo nos reserva. Nosso melhor amigo, que conhecemos melhor que nossa própria alma, companheiro dos maiores prazeres, um dia nos trairá, adverte o imperador Adriano em suas memórias escritas por Marguerite Yourcenar.

Todos os corpos são traidores. Essa traição, incontornável, que não é segredo para ninguém, não justifica transformar nossos dias em sala de espera, espectadores conformados e passivos da degradação das células e dos projetos de futuro, aguardando o dia da traição.

Chico, à beira dos setenta anos, criando com brilho, ora literatura, ora música, cantando um novo amor, é a quintessência desse fenômeno, um tempo da vida que não se parece em nada com o que um dia se chamou de velhice. Esse tempo ainda não encontrou seu nome. Por enquanto podemos chamá-lo apenas de vida.

Nascer de novo

SE EU GOSTARIA de nascer de novo? Sei lá... Noite alta, bom vinho e o calor da amizade, concorrendo com a lareira que celebrava o insólito inverno tropical, tudo confluía para a intimidade que derrete os segredos. Ainda assim, escapei, não respondi. A hipnose do fogo protegeu meu olhar do olhar dos outros. Fiquei ali encolhida no meu silêncio, pensando se gostaria ou não de viver outra vez.

Viver o quê? Quem? A menina que nasci ou essa mulher que aprendeu bastante da vida? Na certa não era isso que me perguntavam, apenas respondiam com uma questão bobinha ao suspiro pelo qual me deixara levar, sussurrando que uma biografia é muito pouco para tantas vidas que se poderia viver. Apenas uma queixa sonolenta contra o fim da noite encantada, atravessada no destino de quem acorda cedo, malgrado a vocação de boêmia. Noite em que nos abandonamos ao sentimento dos muitos que poderíamos ter sido e que não fomos, espremidos na moldura que nos enquadra e de onde gastamos a vida tentando escapar, tropeçando nos limites impostos pelo acaso, um país, uma família, um sexo, uma cultura, tudo que sem escolher herdamos.

A primeira vez que me fiz essa pergunta foi durante um concerto da Sétima de Mahler, regida sem partitura por um jovem tocado da graça, Gustavo Dudamel. Por que não escolhi a música, eu que sou por ela subjugada? Por que o universo árido das palavras que tão facilmente se recusam a mim? Ninguém sabe exatamente por que faz escolhas, mas paga por elas o preço de vidas que não viveu.

Não, não gostaria de nascer de novo, não sei que más surpresas me estariam reservadas, como ser tão estranha a mim mesma que sequer me reconhecesse. Nem gostaria de reviver a mesma vida, em bloco, sem poder selecionar os momentos de alumbramento. Prefiro o mistério de um mundo outro, impensável e improvável, prefiro o desconhecido ou o mais provável nada em que não sabemos que somos nada. Pensando bem, não é um mau negócio poder dizer que morte não há, já que, se morremos, não sabemos, e, se sabemos, é porque não morremos. Lacan disse algo parecido.

Nascer de novo daria muito trabalho. Aprender tudo que já aprendi – nasceria, espero, destinada à civilização, senão não quero – seria um elevado risco de tédio, uma forma disfarçada da imortalidade, a maior tragédia que pode atingir um ser humano. Não quero.

Prefiro, nessa madrugada infinita, pensar pelo avesso esse renascimento e descobrir o que amanhã de manhã eu faria se renascesse. Esse, sim, é o jogo perigoso e excitante de quem acredita no aqui – não no além – e troca a eternidade pelo agora.

Nesse jogo, uma pergunta sempre esconde outra. Por que não fiz o que queria, que chances perdi? Ainda é tempo? Lamúrias não são da regra do jogo. Porque, afinal, fazemos sempre o que queremos, mesmo quando somos contrariados. Fora os casos extremos de coerção violenta ou de tortura, de doença que corrói a vontade, o que fazemos é o que queremos naquele momento. Quando nos deixamos contrariar, é por fraqueza ou preguiça, ou outra razão mais forte que a nossa vontade de dizer não. Quem nos contraria somos nós mesmos.

É inútil, revendo o passado, pensar que se poderia ter feito isso ou aquilo. Aquela pessoa, naquele momento, não poderia, porque não queria. Queria outra coisa, queria aquilo que fez. Cada um faz o que pode e o que pôde é o melhor que pôde. Eu sou eu e a minha circunstância, tinha razão Ortega y Gasset.

Não nos reconhecemos nos muitos que fomos, e incomoda a cacofonia com que esses muitos, falando todos ao mesmo tempo, tentam, hoje, contar nossa tumultuada história. Não há vítimas nem algozes. Cada um é autor de si mesmo, assina sua biografia. Há artistas de maior ou menor talento, com maior ou menor imaginação. Existem textos anônimos. Vidas anônimas, não.

Nascer de novo seria apenas a chance de outro enredo, já que na vida não existe a tecla de deletar. Um simulacro da literatura que é para os escritores um prêmio de consolação, a possibilidade de inventar histórias sobre o que não foi dado viver.

Navegando a olho nu

HÁ QUEM ACREDITE que quem anda lá pelos trinta ou quarenta anos está ficando mais "inteligente", "rebelde" e "criativo" do que no passado, na medida em que é constantemente chamado a elaborar juízos de valor e a fazer escolhas, onde antes havia apenas conformação a um destino preestabelecido.

Essa maior capacidade do comum dos mortais de pensar pela própria cabeça e decidir por si mesmo seria consequência do declínio das diversas formas de autoridade fundadas na religião ou na tradição. A fé, os costumes ou o próprio Direito se incumbiam de ser a moldura que enquadrava um espelho em que a imagem já vinha impressa. A você, de nela se reconhecer ou assumir a pecha de ser um desajustado.

Cada um de nós, em sua vida, se vê hoje confrontado a escolhas que não estão mais determinadas por uma autoridade inconteste e nada lhe resta senão escolher o que quer ser.

Casar ou não casar, manter o casamento ou optar pela separação, ter ou não ter filhos, interromper ou não uma gravidez indesejada, tudo está no horizonte do possível, testando o livre pensar de gerações confrontadas a si mesmas, condenadas a construir seu próprio código moral. A lei é cada vez menos poderosa, o desejo, cada vez mais soberano. A vida, de fato, cada vez mais íntima.

A própria preservação da relação amorosa exige de cada um atenção e cuidado constante com o outro, que é também dotado de desejos, vontades e capacidade de escolha própria. Já ninguém pode confiar no casamento indissolúvel que as igrejas prometem e exigem, nem na relação que se mantém porque simplesmente um dia começou. O amor ficou mais exigente.

Em todas as esferas da vida, a confiança ativa estaria tomando o lugar da confiança passiva. Ela precisa ser conquistada a cada dia e seu traço distintivo é ser sempre uma via de mão dupla, uma relação entre pessoas livres, e não uma relação de submissão ou dependência de um ao outro. É por isso que exige cuidado e renovação para manter-se viva.

A emergência de indivíduos com um perfil mais livre tem um significado que vai muito além das trajetórias individuais da vida. Cada um busca ser o que é. Mas, na sociedade contemporânea, cada um, como diria Fernando Pessoa, é muitos. As identidades são múltiplas e fluidas como é múltiplo e fluido o repertório de experiências e pertencimentos.

Valores, escolhas, padrões de comportamento, estilos de vida e opções sexuais representam para muitos uma fonte mais rica de identidade do que sua posição na escala social. Mas a liberdade e a capacidade de decidir sobre assuntos que afetam a vida e o futuro de cada um coexistem com doses crescentes de incerteza e risco.

O mundo tradicional coagia, tolhia e, ao mesmo tempo, protegia. Viver o tempo presente é uma tarefa diária de reinventar o mundo e a si mesmo, um exercício de renúncia aos confrontos e aos algodões das verdades estabelecidas.

Mais difícil ainda mover-se em certos papéis, como o de pai e mãe, de quem a criança espera verdades universais e eternas e a quem só se tem a oferecer a sua própria verdade tão duramente construída, tão frágil e cambiante, exposta às intempéries de vidas tantas vezes nômades.

Uma amiga me explicava que, de certa forma, invejava seus pais, que sempre tinham sabido o que lhe dizer, sempre tinham sabido impor princípios e garantido que o mundo era como eles descreviam. Quanto a ela, privada dessas certezas, navegava a olho nu, por ensaio e erro.

Perguntei se gostaria de voltar no tempo às seguranças do passado. Ficou um bom tempo em silêncio, como se hesitasse. Estava na verdade relembrando, passando em revista a vida diminuta de seus pais, seus horizontes fechados, sua intolerância.

– Que horror – murmurou baixinho. – Eu não – decidiu-se, enfim.

Caetano tem razão, disse eu, "cada um sabe a dor e a delícia de ser o que é".

O medo

Os corajosos façam o favor de me ouvir em silêncio. Ou de fechar o livro agora mesmo. Esse assunto, supostamente – mas só supostamente –, não lhes concerne. Eles pertencem à grei dos que sentem mesmo um certo desprezo pelos pobres-diabos que conhecem bem o frio na barriga, a garganta seca e o suor nas mãos. Por isso, quanto mais não seja por compaixão, retirem-se da conversa, deixem-nos entre nós, os medrosos. Os que conhecem a angústia da véspera, aquela certeza de estar vivendo o último dia antes da má notícia, da viagem de avião ou da operação. Resultados de exames também são ocasiões de pernas bambas.

Os corajosos lhe dirão sempre que o seu medo é irracional e que as estatísticas provam... provam qualquer coisa que as estatísticas querem provar. Escolha o seu medo e a estatística lhe dirá o imbecil que você é. Esse imbecil vive em um mundo de sombras. Sente dores em que ninguém acredita, tem premonições improváveis e ainda sofre a humilhação de confessar um irreprimível mal-estar que lhe vem de uma fonte misteriosa que visitou desde as noites da infância. Dali brota a certeza de quanto o mundo é perigoso e do manancial de traição que um destino abriga. Nessa fonte bebia o diabo.

Corajosos nunca correm perigo, nunca foram nem serão traídos. São perfeitos demais para essas misérias que só chegam aos fracos. Só os fracos perdem filhos em acidentes, só eles tropeçam na rua ou descobrem doenças terminais.

O medo me fascina, sua capacidade de pisar macio, chegar sem que se lhe perceba a incômoda presença; toma, em segundos, os espaços todos da alma e corta a respiração. O medo é um debochado, sem caráter, que escolhe sempre o melhor momento para ameaçar com a última chance. Medo ladrão de alegrias! O medo é um covarde.

O medo é um mensageiro sem mensagem. Corrupto que se vende aos corajosos para assombrar e humilhar os outros. Tenho raiva do medo, tenho medo do medo porque ele esconde em suas sombras nenhuma surpresa, mas as certezas que, infalivelmente, se cumprirão e que ele vai destilando aos poucos, até o grande susto final, que é buscar o dia que já não é dia.

Medo amigo da morte que lhe presta serviços e com quem nos faz conviver. E, pelo avesso, nos faz corajosos porque corajoso é quem convive com o medo. E com a morte. Os outros, os corajosos, os que não têm medo de nada, os que não se lembram que ela nos espreita a cada passo, são corajosos por quê?

Os heróis sempre me pareceram personagens de ficção. Conheci vários em filmes e livros que louvavam a coragem, mas nunca conheci heróis em carne e osso. Nem os heróis me impressionam. A única talvez tenha sido uma mulher cuja foto vi em uma revista, minúscula ante uma onda de pesadelo, avançando ao encontro dela enquanto todos fugiam do tsunami. Tinha boas razões. Ia ao encontro da onda porque mais perto do monstro viam-se na foto três cabecinhas, seus três filhos, explicou depois.

Impávida, lá foi a fêmea buscar as crias. Não me perguntem como, mas, segundo a reportagem, todos se salvaram.

Olhei essa foto durante muito tempo e não conseguia me decidir se ela agira por coragem ou por medo. Acho que foi por medo, medo de sobreviver à perda de suas três filhas, de vê-las engolfadas na onda gigante e ela ali, inerte, paralisada. E depois atravessar a vida revendo essa imagem hedionda e se desprezando. Que mãe se olha no espelho se foge e sobrevive ao perigo que ameaça os filhos?

Há quem tenha, e com razão, mais medo da vida do que da morte. É o caso de tantos suicidas a quem se atribui a coragem extrema, a de se matar. É que não tiveram a coragem de viver e, às vezes, essa é a coragem que não se pode pedir a ninguém.

A língua francesa, em que encontro sempre o melhor eco dos meus sentimentos, cunhou uma linda expressão, *"fuite en avant"*, a fuga para a frente. Retrata bem as atitudes intempestivas em que se vai ao encontro do perigo como se não temêssemos a situação quando, na verdade, fugimos da angústia de esperar por ela.

Os corajosos que me perdoem uma tão longa digressão que poderia ter sido resumida em uma banal confissão: não sou um dos vossos. Meu único ato de coragem é dizê-lo publicamente, pedir que não esperem de mim nada além da coragem de viver.

Por acaso

UMA JOVEM MORREU ESFAQUEADA por um louco no Central Park, em Nova York. Levava na bolsa um diário e naquele dia escrevera: "Nunca me acontece nada." Quem conta é um livro inteligente, *Como Woody Allen pode mudar sua vida.*

Não deduzo daí que não devemos nos queixar de monotonia. A moral da história é outra, o acaso é quem dita nossas vidas. O louco poderia ter ido passear na beira do Hudson ou ela sentar-se na Washington Square e rabiscar tranquilamente suas queixas. Mas, por acaso, se encontraram.

Há anos quase fui esfaqueada no Central Park. Era jovem, corri mais do que o assassino, um bêbado que tropeçou nas próprias pernas. Achei que tudo me acontecia e que, apesar disso, era uma mulher de sorte.

Não falo de destino porque a palavra tem a nobreza das tragédias gregas, do que estava escrito e tinha que se cumprir. O acaso é muito mais banal e próximo do absurdo. É, como poderia não ter sido. Se o acaso é infeliz, é chamado de fatalidade. Se é feliz, de sorte. E, às vezes, decide mais as nossas vidas do que os imensos esforços que fazemos. Quase nunca a vida é justa. O livro nos ensina tudo isso.

Woody Allen, que fez 36 anos de análise, não encontrou respostas para suas angústias e, mestre na abordagem do imponderável, em *Stardust memories,* faz seu personagem dizer:

"Eu era um menino que gostava de contar piadas. A sociedade americana valoriza os cômicos. Se eu tivesse nascido entre os apaches, estaria desempregado. Questão de sorte. Se em vez do Brooklyn eu tivesse nascido em Berlim ou na Polônia, hoje eu seria um abajur, não?"

Há muita verdade no que diz, apesar do humor negro e da amargura. Quem acredita que controla a própria vida nunca me explicou como escolheu onde nascer, pobre ou rico, homem ou mulher, ao norte ou ao sul do equador, vestido com que pele.

Os existencialistas sabiam dessa roleta, mas, corajosos, e um tanto pretensiosos, acreditavam que a partir daí fariam, graças à afirmação da liberdade, o que bem entendessem de suas existências. Uma guerra mundial que atropelou Sartre e Simone de Beauvoir ainda no fulgor dos seus vinte anos, uma carnificina que matou e exilou seus amigos, e sobre a qual não tinham qualquer poder, relativizou essa onipotência.

O volume de memórias em que Simone relata sua tenra juventude chama-se *A força da idade*. O que relata a guerra e o pós-guerra, *A força das coisas*. Simone morreu idosa, afirmando que escolhera a sua vida e acrescentando um bemol: "O acaso tem sempre a última palavra."

Um olhar retrospectivo, atento à intervenção do incontrolável, vai encontrar os momentos em que ele, direta ou indiretamente, dirigiu nossas supostas escolhas, redundando em um grande amor falhado ou um sucesso profissional retumbante. Ou, ao contrário, em uma vida medíocre. Feridos em nossa autoestima, nessa retrospectiva tentamos dar uma racionalidade aos acontecimentos como se eles tivessem obedecido fielmente aos nossos desígnios.

Em *O pequeno príncipe*, Saint Exupéry, que viria a morrer em um acidente do avião por ele mesmo pilotado, criou o personagem de um rei cujo único súdito era um camundongo. Para garantir sua autoridade, só dava a ele ordens parecidas com o que um camundongo de todo modo faria.

Em todos nós há um pouco desse rei, um desejo de explicar a vida a posteriori, dando a impressão de que ela nos obedece. Quando a razão tropeça no inexplicável dos acidentes, para continuarmos no papel principal resta, como afirmação da vontade, o reservatório do inconsciente. Inconscientemente quisemos isso ou aquilo. Sempre nós, no comando.

Os consultórios dos psicanalistas estão cheios de gente querendo encontrar explicações para o que lhes acontece como se houvesse um porquê de tudo. Mais desafiador e sadio seria aceitar e conviver com a incômoda e real presença do incontrolável.

A ficção é, talvez, o único refúgio onde o autor onipotente faz e desfaz, desenha e entrelaça como bem entende todas as vidas que cria, é ele mesmo o acaso. A criação é uma forma de rebelião, de insolência, a revanche contra o acaso, de quem tem a medida do seu desamparo, um momento de divindade.

Na vida real, é ele quem tem a última palavra.

Souvenirs

A FOTO ERA ASSIM: um amigo, conservador emérito, sentado em plena Praça Vermelha, entre Stálin e Lênin, dois imensos bonecos que os russos, de olho nos turistas, instalaram no centro histórico da cidade como caça-níqueis. Orgulhosíssimo e seguro de si, discorria sobre a Rússia de hoje.

Eu ouvia e pensava na Rússia de sempre, nos czares de todas as Rússias fuzilados, deixando para trás os ovos de Fabergé. Anastácia no exílio, nas páginas amarronzadas da revista *O Cruzeiro* e todas as lendas que cercavam a única menina que escapou do massacre da família do czar para assombrar nossa infância. Trotsky e seu trem vitorioso, a emoção da esquerda que, na minha geração, assistia bestificada ao *Encouraçado Potemkim* e *Oito dias que abalaram o mundo* e se sentia em pecado quando olhava de banda os olhos lindos de Julie Christie no "suspeito" *Dr. Jivago*. Pasternak.

Stalingrado, cantada por Carlos Drummond de Andrade, que não caiu, e onde se decidiu a sorte de Hitler. Soljenitsin no pavilhão dos cancerosos e uma palavra desconhecida para nós, em nossa *ignorantzia* tropical: Gulag. Carlos Fuentes bateu boca com Sartre nas páginas do *Temps Modernes*, lembrando, bela imagem, que a sombra dos coqueiros nas areias de Havana não devia ser confundida com a sombra do perfil de Ivan, o Terrível, nos corredores do Kremlin. Fuentes defendia um poeta que Fidel prendeu, dando cabo da poesia que ele mesmo, numa noite de 31 de dezembro, plantara no imaginário da América.

Um clipe de memórias sem cronologia desfilando na minha cabeça. A picareta na cabeça de Trotsky com os cumprimentos do camarada Stálin. Frida Khalo, que amava Trotsky e tinha faro de mulher, não gostava de Ramón Mercader, um cavalheiro muito elegante e sedutor que conquistou a confiança e a paixão da secretária de um velho senhor muito imprudente. Frida amava Leon, a secretária amava Ramón, que não amava ninguém. Cumpria ordens, a serviço de uma causa. Uma história tramada em frente a um quadro de Van Gogh em um museu de Amsterdã. Quem conta é Jorge Semprun. Para tudo acabar com um exército desfilando diante do imundo chapéu de feltro de Leonid Brejnev.

Mário Pedrosa, herói da minha juventude e da minha vida inteira, que me apresentou a Calder e Max Bill, que pela primeira vez me levou a Chartres e me viu chorar de emoção, era um devoto da revolução permanente e me contava muitas histórias. Assim fui conhecendo as entranhas dessa tragédia histórica que alimentava as esperanças de jovens brasileiros que, lágrimas nos olhos, cantavam a Internacional para horror dos pais católicos que com o mesmo fervor entoavam o Tantum Ergo.

Encenei *Os justos*, peça quase desconhecida de Albert Camus, em que um grupo de jovens terroristas, com a consciência pesada, tenta matar um grão-duque da *entourage* do czar e, é claro, são todos condenados à morte. Eu era Dora, a namorada do executor. No ensaio, machuquei o braço, tal a fúria dos justos com que me atirei contra a parede. Essa fúria durou muitos anos, não fui condenada à morte, e sim ao exílio. Tive as insônias torturantes dos exilados, não o sono dos justos. Mas ainda sei o texto de cor.

Rosa Luxemburgo boiando em um canal de Berlim com balas que lhe pesavam nas costas. E os cumprimentos da extrema direita alemã. Li, atônita, suas cartas ao homem que amava. Que estrago! Que lástima! Que desperdício...

Passaram-se os anos e na estação de trem de Estocolmo, pleno inverno, caiu-me nos braços um general do Exército Vermelho, coberto de medalhas, um ex-refugiado brasileiro na Polônia que, depois da queda do Muro, visitando o país que o acolhera e que muito amara, mas o desgostara para sempre do socialismo, encontrara em um brechó de Varsóvia tudo que precisava para me surpreender e fazer rir. Como bom carioca e carnavalesco, desembarcou na bem-pensante capital da Suécia vestido com essa sucata que um dia vestira suas ilusões.

O mundo misterioso dos souvenirs é assim. Inocentes lembranças de uma viagem feliz ecoam uma história quase sempre desconhecida em que ícones lembram as epopeias, desenhando com as cores e formas do *kitsch* o que um dia foi glória e sangue. Tenho na estante um despertador chinês que, quando toca, um herói da Revolução Cultural tira o boné e brande o *Pequeno livro vermelho* com os pensamentos perfeitos do presidente Mao. Tenho na vida um orgulho e uma vaidade. Quando me puseram nas mãos esse livro, como se me confiassem a Bíblia, comentei com indisfarçado desprezo: já li, é o marquês de Maricá. Virei as costas e nunca mais um maoísta ousou falar comigo.

Comprei o despertador em Beijing, no fim do século passado. Não funciona, não desperta sequer emoção. Fui à China chefiando uma delegação de mulheres brasileiras feministas à Conferência da ONU sobre a Mulher. A revolução permanente.

O século XXI começando em Beijing pelas mãos das mulheres do mundo inteiro, sublevadas contra a opressão dos homens. Nada a ver com Mao e sua revolução cultural que deu em nada. Mao, recém-casado, viu a mulher morrer no garrote e escreveu: "Cortaram as minhas mãos no garrote e, em vez de sangue, escorreu de mim toda a piedade." Desgraçou friamente várias gerações, esse homem que conquistou a China imensa porque era um jogador exímio de Go. As mulheres fizeram a grande revolução do século XX, sem crueldades e sem garrote.

Quem construiu a muralha da China, essa cicatriz na pele da Terra que os astronautas viram quando voltavam da Lua? Tenho uma foto minha na muralha. Souvenir.

Sobre Deuses e Homens

O CONFORTO ÀS VEZES é perigoso. Ganhei, em um aniversário especial, uma belíssima televisão que não deixa nada a desejar a qualquer sala de cinema. Para acompanhá-la, uma poltrona à sua altura. Achei que merecia, o que prova a minha imodéstia. Esse cenário ideal – e esse é o seu grande defeito – me faz preguiçosa na hora de ir ao cinema. Uma respeitável coleção de DVDs veio agravar, e muito, meu ímpeto de espectadora.

Mas um filme me intrigou. Grande Prêmio do Júri de Cannes em 2010, recheado de grandes atores, *Homens e Deuses* me arrancou de casa e me devolveu a antiga magia da luz apagada no cinema e daquelas cabeças que, recortadas no escuro, dividem uma mesma emoção.

A primeira reação tinha sido uma suspeita. O título pretensioso me fazia pensar como um filme trataria de tão complexa relação. Deuses e homens nem sempre são compatíveis. Os humanos são uma espécie por demais variada, fabricada em muitos modelos, que, por sua vez, fabricam seus deuses, à sua imagem e semelhança.

Os homens não se entendem entre si e o pretexto são os deuses. As guerras religiosas foram as mais sangrentas. Um holocausto marcou para sempre com o estigma da vergonha o século passado. A fé já armou fogueiras, queimou gente e livros. Ainda hoje constrói muros que separam as crenças. Os homens que derrubaram as torres gêmeas e os que se explodiram nos ônibus invocavam um dos nomes de Deus.

Seu Santo Nome serve a todas as religiões para justificar a barbárie. Como dizer tudo isso e muito mais em duas horas?

Pretensiosa sou eu, que duvidei da arte. Que subestimei a força comovente das imagens simples de uma vida monástica. Um monastério no monte Atlas, na Argélia, um grupo de monges franceses ameaçados de morte pelo fanatismo terrorista, a força da fé que resiste ao medo, sem o negar. É possível, sim, falar de deuses e homens, usando a universal linguagem do amor.

O amor que une os monges entre si, que une a eles a comunidade muçulmana em que estão inseridos, que une pessoas que se encontram para além das culturas e da história simplesmente no enfrentamento das dificuldades do cotidiano ou na celebração das suas alegrias.

Uma cena, o equivalente ao batismo de um menino na religião islâmica, com a presença e a alegria dos monges convidados, encapsula todo um projeto de civilização. A vida que poderia ter sido e que não foi. O mundo que poderia ser e que não é. Na modestíssima aldeia, as civilizações não se chocam, se ajudam a viver, contra a doença, a pobreza e o frio.

A linguagem do amor tem seu avesso, a do ódio. Um grupo de terroristas os intima a partir. – Vocês não têm escolha. – Temos – retorquiu o chefe da comunidade religiosa. O tema da escolha, as múltiplas vozes interiores que intervêm em um conflito, o medo da morte, e também o da renúncia aos valores constitutivos de cada um, tudo isso dá espessura a uma obra-prima que fala em voz baixa e em tons pastel.

Baseado em uma história verídica, o filme não inventa o fim. Os monges ficam, a última ceia é regada a vinho, Tchaikovsky e fraternidade. Depois a bruma e o mistério. Na vida real, os corpos foram encontrados degolados.

A Palma de Cannes foi para uma joia do cinema, sem grandes orçamentos e nenhum efeito especial, sem a ajuda de computadores, apenas dos rostos de atores que ainda se lembram do que é a grande arte. Premiou a coragem de enfrentar uma das questões mais espinhosas de nosso tempo de deuses e homens que se querem hegemônicos, tempos de nenhuma compaixão.

Saindo do cinema, andei muito pela cidade. O ritmo frenético, o ruído incessante, o anonimato urbano, a agressividade das ruas, tudo me parecia insensatez e inutilidade. Quem, nessa multidão atormentada, gastaria duas horas entre homens e deuses? Telefonei para um amigo de fé judaica que almoçara comigo no domingo de Páscoa. Depois para outra amiga, que também ocupara um lugar na minha mesa, essa muçulmana, e a ambos propus rever o filme comigo. Aos poucos fui reencontrando uma certa paz. Os amigos existem e o cinema também.

Itinerário das máscaras

CLARICE LISPECTOR NÃO ESCREVEU uma autobiografia, mas deixou uma obra tão eloquente sobre si mesma, uma sucessão de máscaras escolhidas e abandonadas, um tal jogo de ocultação e desvendamento que o melhor caminho para aproximar-se dela, embora o mais arriscado, talvez, seja o itinerário das máscaras. Coleciono suas máscaras, sua *persona*, desde a adolescência, na tentativa sempre vã – e felizmente vã – de alcançá-la.

"*Persona*" é uma palavra encantatória, que a mim habitou desde que assisti ao filme de Ingmar Bergman. Clarice também assistiu a esse filme, que menciona em uma crônica que intitulou "*Persona*" e publicou no *Jornal do Brasil*. Conhecia a escolha do silêncio, da mudez que faz a mãe que não pode dizer o ódio do filho que a adora. Sabe que a mudez pelo menos não diz o que as palavras mentem. *Persona* era a máscara que, no teatro grego, servia de amplificador às vozes dos atores. As máscaras amplificam as vozes e a câmera de Bergman amplifica esse silêncio e faz dele um objeto gritante. Anos depois, a crônica "*Persona*" foi publicada em *A descoberta do mundo*, que reuniu boa parte do seu trabalho de cronista.

"Escolher a própria máscara é o primeiro gesto voluntário humano. E solitário. Mas quando, enfim, se afivela a máscara daquilo que se escolheu para representar-se e representar o mundo, o corpo ganha firmeza, a cabeça ergue-se altiva como a de quem superou um obstáculo. A pessoa é." Mas no mundo em carne viva de Clarice, depois de anos de sucesso dessa máscara, por causa de um olhar ou de uma palavra "a máscara de guerra da vida cresta-se toda no rosto como lama seca e os pedaços irregulares caem com um ruído oco no chão".

Nos textos de Clarice, que ela mesma se recusava a classificar como um gênero qualquer, as máscaras caem sem ruído porque, às vezes, vestem o gesto caridoso ou se transformam nas asas de um anjo. Como nas crônicas "Caridades odiosas" ou em "Mal-estar de um anjo".

Clarice não engana Clarice. Não é qualquer sentimento banal que brotará de sua alma sem que a leve às portas do labirinto. Quantos caminhos possíveis a partir da pequena mão escura que lhe retém o vestido... Sob a falsa aparência da vida real, do ato de comprar um doce para uma criança pobre, o labirinto não apenas se abre em encruzilhadas, mas cada encruzilhada precipita-se no abismo. Tudo que acontece propicia o encontro com um ser desconhecido, aquela que não suporta a humilhação de ser caridosa e, cruel consigo mesma, se pergunta se teme ser vista ou não ser vista. Quem habita essa mulher compassiva, cheia de amor e vergonha? E de ódio. Sem escapatória, sem absolvição, o inevitável inferno.

A vida não engana Clarice. Por baixo dos fatos, do enredo, borbulha a matéria misteriosa de que é feita a existência e é ela que emerge, fulgurante, em sua literatura. Daí a dor que provoca. Queima.

Clarice não me engana. Entre bicho e mulher, um ser improvável, que tudo que queria era a mão que segurasse a sua, não encontrou semelhante. E foi única. Farejava demais a humanidade pobre e corrupta dos seres. As caridades odiosas.

Anjo, conhecia bem a máscara do demônio, o mal-estar de um anjo. A situação é banal e serviria a uma crônica insossa: uma tempestade, uma carona a uma mulher desvalida também sob a chuva e logo a suspeita. "Estará ela se aproveitando de mim? Indaguei-me na velha dúvida se devo ou não deixar que se aproveitem de mim... E começou o meu calvário de anjo porque a mulher com sua voz autoritária já tinha começado a me chamar de anjo."

É então que o anjo se revolta e cai. O anjo caído aprende o não, afirma sua vontade demoníaca, seus direitos de proprietária do táxi. O confronto não demora. Salta do carro no lugar e no momento que lhe apraz e "assim como quem não quer nada tive o cuidado de esquecer no banco as minhas asas dobradas".

Essas três crônicas – textos, como Clarice preferia chamar suas crônicas – são flagrantes desse diálogo interno de quem ao longo de toda a obra se perguntou, desconfiada e atenta, quem sou eu. Anjo ou demônio? Qualquer que fosse o gênero, romance, conto, crônica, pouco lhe importava, todos seguem a via-crúcis, a paixão segundo ela mesma ou GH e a pergunta recorrente como em sonho persecutório: quem sou eu?

Na literatura, no corpo a corpo com a palavra, advertia que não adianta tentar classificá-la, que a palavra só serve como isca, que quando pega o que se esconde nas entrelinhas pode-se jogar fora a palavra: "Gênero não me pega mais." Essa frase funda o antiestilo e inaugura a liberdade literária.

Clarice é o seu próprio tema, como em uma psicanálise. A trama dos acontecimentos, dos fatos, uma espécie de janela que "não é senão o ar enquadrado por esquadrias", uma imagem sua para revelar a aparência oculta das coisas. Seu texto é fragmentário como ela mesma é, suas frases pontuam o instante. Está "atrás do que fica atrás do pensamento", como ela mesma se situa em *Água viva*.

Quem é essa autora que não se alcança, incansável em seu desconhecimento de si? Clarice é essa pergunta que faz as máscaras se quebrarem e se recriarem, ora anjo, ora demônio, bondosa ou odiosa.

Jovem leitora, escolhi abandonar-me ao olhar que sua obra joga sobre mim e aceitar, para o resto da vida, as consequências.

Morrer na praia

NÃO SOU ROMÂNTICA. Se fui olhar o pôr do sol no Arpoador foi por um hábito antigo que me vem da infância praieira, de guarda-sóis coloridos, mar azul e gente bonita quando a praia ainda era a praia do Diabo. Saía do Posto 6 com uma babá que, antes do jantar, me levava à beira-mar para assistir àquele espetáculo em ouro e vermelho-sangue.

Na praia do Diabo, tinha meus encontros clandestinos com Deus. Ao longo dos anos, sempre fiz assim, essa romaria a um lugar que, para mim, tinha algo de sagrado. Aos poucos, a invasão de surfistas, banhistas, turistas de bermudão, sandálias e meias, vendedores de tudo, liquidaram com a sacralidade do lugar, que se tornou apenas um canto bonito de ver o pôr do sol, depois de um dia de trabalho.

Como instalaram ali um bar na calçada, busquei uma mesa para sentar e tomar um drinque. Não havia. Um garçom distraído e mal-humorado anotou meu nome em um papel e apontou com a cabeça para um banco de praia em que eu poderia esperar. Sentei, nada descontente, porque o sol caía, o rastro prateado fulgurava nas águas e a vida me parecia um presente que não se recusa.

A felicidade vem sem avisar, como uma brisa que acorda os sentidos, uma lufada súbita de vento, aquele traidor de que falam os marinheiros. Como um exército de fantasmas, os brancos guarda-sóis do restaurante avançaram contra mim e se abrindo os braços afastei duas destas lanças, uma terceira, escondida atrás dos outros, me acertou o peito como um tiro. Caí e deve ser assim quando se morre, achei que tinha morrido, mas não sentia dor. Só não sabia onde estava nem quem era, e deve ser assim quando se morre, um lugar nenhum e um ser ninguém.

A dor custou a chegar e, como esta eu conhecia, me lembrou como é estar viva. Repeti meu nome, procurando por mim. Algum alvoroço, muita gente em volta, alguém chamando de anjo da guarda uma senhora que, correndo o risco de ser ela mesma arrastada, segurara, na queda, a minha cabeça. O anjo da guarda me trouxe um copo d'água e, como não havia nem sangue nem cadáver, logo não interessei mais a ninguém. Continuei sem mesa, no mesmo banco, o sol já mergulhado, o peito trespassado por uma dor sem corpo, a mágoa da felicidade perdida.

Ao meu lado, as muitas vidas que vivi e as mortes também. Quatro dedos acima e me cortaria o pescoço, contei a uma das mortes, que sacudiu a cabeça, incrédula. Tentei contar a algumas vidas, que não quiseram ouvir, são vidas jovens, feitas de alegria e de otimismo, que nunca tinham sido degoladas. Então, fiquei calada. E só pensei. É no silêncio que se morre em paz, só você mesma sabe o quanto é duro morrer, assim, na praia, na hora do pôr do sol. A morte é essa solidão, uma dor que ninguém divide. Nem o Diabo, nem o anjo da guarda.

Alguém, na certa eu mesma, chamou um táxi e deu meu endereço. Alguns quarteirões e caímos em um bloco de carnaval, cantando o amor que se acabou. Em casa, me disseram que plantasse uma arruda no jardim ou tomasse um banho de sal grosso.

Não sou supersticiosa. Se voltei no dia seguinte à praia do Arpoador e molhei os pés no mar antes de sentar na areia e esperar o pôr do sol é porque já morri. É o que me protege.

Insônia

Minha mãe dizia que tinha medo da noite. Não dizia por que, e quando perguntávamos não respondia, olhava para um ponto vazio, um olhar ausente, como se não estivesse mais ali. Sofria de insônia e me legou esse calvário.

Não me queixo de não dormir, nem do cansaço no dia seguinte. O que me assusta é a convivência com os monstros noturnos que à noite acordam, eles que vivem das sombras e acordam também os pensamentos que não ousam se pensar à luz do dia. Trazem consigo as ameaças que já assombravam os primitivos e que os primitivos que ainda somos revivem como um plasma genético. A humanidade herdou o medo da noite que levou à descoberta do bendito fogo que atenuava a escuridão e, afastando animais e os seres das trevas, permitia um sono profundo e liberava os sonhos. Foi a luz do fogo que fez da noite o *roman fleuve* do inconsciente e, assim, abriu sendas em um continente desconhecido onde o tempo amalgama passado, presente e premonições. Sono e sonhos, para alguns, não são mais do que ilusões.

Mal saídos do pesadelo e instalados na insônia, habitamos uma zona fronteiriça entre o real e algo que é muito mais que o imaginário, é um outro lado do real, desfocado, onde moram os mortos e, como um castigo, somos condenados aos pensamentos proibidos. Na insônia, o pensamento acelera seus ritmos e instaura uma dança selvagem em que se misturam memórias e amanhãs, levitando em um espaço indefinido no esforço de reencontrar um eu perdido, uma cabeça organizada.

A insônia é uma forma de possessão por demônios e todos se parecem conosco. O corpo sem posição, que rola na cama à procura de algum conforto, perde presença e substância, devorado pela alma inquieta que como um bicho atento pressente os barulhos que não sabe de onde vêm. Quem dorme comigo jura que ouve, no silêncio do quarto, o barulho de meus pensamentos desencontrados.

Lutar para adormecer talvez seja a mais árdua e inglória entre as muitas lutas contra mim mesma que empreendo. O sono não é mais um dom e um direito do corpo cansado, é como um lençol que me cobria e que voou, me deixando ao relento, se fez invisível e que, suspeito, não voltará.

Na tentativa de recuperá-lo, vou atrás dele até a varanda e olho a rua, irreconhecível na madrugada, e sou grata, então, aos poucos barulhos que a vida urbana garante como companheiros a quem não dorme. A cidade, mesmo assim deserta, vive uma vida latente; alguém que canta ou assobia, um caminhão de lixo que aproveita as sombras para cumprir sua tarefa humilhante de recolher os dejetos, o que ninguém mais quer, passos perdidos de um bêbado que ninguém mais quer, perdido sem saber de onde veio nem para onde vai. No tempo em que eu fumava, o cigarro apaziguava essa inquietação, quase revolta, contra a noite interminável, maldormida. Para salvar os pulmões, pago o preço da solidão.

Ouço muitos conselhos de médicos e amigos. Pessoas práticas resolvem tudo na clave do Lexotan e não entendem por que todos não fazem o mesmo. Não sabem que há insônias ancestrais, com certeza incuráveis, nascidas não da noite, mas dos dias, da própria vida, dos conflitos e angústias que não se calam e que resistem a adormecer. E que não se resolvem com um simples *bebo para esquecer que bebo*.

Albert Camus pôs na boca de Calígula, um imperador demente, insone e ávido de tudo, que atravessava noites desvairadas correndo pelo palácio, uma exclamação trágica e lúcida: "Se durmo, quem me dará a lua?"

Embora não confesse, às vezes digo a mim mesma que a maldição da insônia pode ser bendita. Há insônias benditas. Espero que essa ânsia de todas as luas, que compreendo e partilho, não indique sempre loucura ou crueldade. Para certas pessoas, não é fácil renunciar à beleza do amanhecer que passa despercebido nas noites bem-dormidas. Quem quer ao mesmo tempo a lua e o sol, não dorme. O absoluto tem um preço.

Relembro, sob forma de oração, uma canção de Dolores Duran que, na adolescência, me comovia: "Dai-me, Senhor, uma noite sem pensar. Dai-me, Senhor, uma noite bem comum, uma só noite em que eu possa descansar, sem esperança e sem sonho nenhum. Uma só noite de paz para não lembrar que eu não devia esperar e ainda espero."

Hoje à noite

NA NOITE DE NATAL há uma pulsação acelerada no coração do mundo. É um tempo de exacerbação de sentimentos, quando presenças e ausências ganham maior intensidade.

Há quem não goste do Natal, torça para que passe depressa esse frenesi do consumo, com desempregados patéticos sentados entre eletrodomésticos, equilibrando seus mal colados bigodes de algodão, mais assustando do que encantando as crianças. Há muita dor nesse dia, mesmo se a televisão afirma que o Natal é alegria, propondo o mundo surreal das compras em um megashopping superlotado. Essa histeria comprovaria a perversão de uma festa religiosa.

São verdades que não são toda a verdade. Dando o laço nos embrulhos dos presentes, não me vejo estimulando o consumo, e sim criando laços com que amarro a esperança de manter próximos e unidos os que chamo de meus. Não fosse a vida destruidora de laços e criadora de nós... Ainda assim, é possível preservar nossos gestos em um espaço interior, excêntrico às análises econômicas e que elas não tem o poder de desencantar.

O chamado sistema – o que quer que isso queira dizer em sua imprecisão conceitual – não expropria a vida do sentido que lhe damos a exemplo do valor das memórias do Papai Noel da infância, indeléveis. E que se revivem nos que hoje ainda são crianças e acreditam em um ser que não existe, mas lhes é benfazejo. Esses também entram no pacote dos críticos do Natal. Uma tolice, dizem, fazer acreditar no que não existe.

O que seria de nós sem as coisas que não existem? O mundo seria de uma banalidade insuportável e nós, prisioneiros dos cinco sentidos. Não aconteceria, por exemplo, a literatura, essa arte de dar vida a criaturas que não existem, mas que nos acompanham vida afora. Se às crianças basta crer para ver, aos adultos também.

Nem tudo se explica pelo volume de negócios e seus negociantes. A economia não é a senha que decodifica o mundo. Há um outro modo de viver o Natal como um desejo de vínculos que se exprime na ceia das famílias e dos amigos, no cartão de festas ou no telefonema dado às pressas, em meio à correria nossa de cada dia, que sublinha que alguém não deixou de existir para nós.

Os vínculos que resistem a um mundo de relações esgarçadas, de amores líquidos, de individualismo delirante, do cada um por si.

A força e o mistério da noite de Natal é trazer à tona o ancestral desejo de pertencimento. Há um potencial regenerador, um desejo de comunidade religiosa ou familiar ou, simplesmente, de união a algum ente querido. No Natal dói mais a solidão, e disso bem sabem os que conheceram o exílio e as noites gélidas em terra estrangeira, a saudade da falsa neve de algodão. Doem mais as ilusões perdidas, os que já não estão nas fotos e perambulam nos corredores da memória, presentes, mas invisíveis, fantasmas da permanência que a vida promete e não cumpre.

Mundo afora, milhões de pessoas se deslocam para passar essa noite com "os seus", o que pode ser – e é – o inferno dos aeroportos e rodoviárias, o pesadelo dos engarrafamentos, mas é também o esforço de riscar, no espaço, um traço de união entre os que vivem separados. A dificuldade na noite de hoje é multiplicar-se entre os entes queridos, espalhados em casamentos rompidos e recompostos ou em cidades que a globalização e a imigração fizeram conviver sem que por isso sejam menos distantes.

Por que Bing Crosby, morto há décadas, cantando "White Christmas", ainda faz chorar mesmo os politicamente corretos? Talvez porque, no fundo de si mesmo, ninguém tenha renunciado a uma noite feliz.

A noite de Natal é um tempo suspenso, um desafio à temporalidade hipermoderna. Um sursis em um mundo predatório que trata o tempo como tratou seus recursos naturais, exigindo de todos os malabarismos da quase ubiquidade. Dia a dia luta-se pelo que se acredita será, no futuro, um lugar ao sol, enquanto no presente o sol é subtraído dos escritórios sem janelas. No Natal cada um reserva para si um tempo inegociável – nessa noite tempo não é dinheiro – e se recolhe a um espaço privado, na contramão do cotidiano frenético que, impiedoso, devora os momentos de intimidade.

Há uma inocência nessa noite em que se dá presentes, come-se bem, misturam-se gerações e, imperceptível, vive em cada um o Deus pobre e nu, mas acalentado, a quem reis magos trazem ouro, incenso e mirra. Os amigos, um vinho, um livro, um brinquedo. Esse Deus, cedo ou tarde, encontrará seu Judas e morrerá na cruz. Mas terá tido sua noite feliz, sua noite de criança.

Feliz Natal.

CORPO A CORPO

Elogio da paixão

POR QUE A PAIXÃO É MALDITA? Por que é descrita como uma espécie de doença que toma conta de alguém para lhe infernizar os dias?

São muitos os seus inimigos. Associada a um surto psicótico, no mundo da razão só se fala mal dela. Nos consultórios, analistas se esforçam para esterilizá-la. Os bem-pensantes dão conselhos sobre como evitá-la. Que pena! É ela que ilumina, em uma vida, os mais fulgurantes momentos.

Quem não se lembra desse mundo encantado, fusional, em que todos os sentidos acordam, o perfume na pele, as cores do mundo mais intensas, o gosto da felicidade na ponta da língua, desmentindo quem afirma que essa senhora não existe. O tempo da paixão é a eternidade, seu espaço é uma promessa de infinito e, mesmo se não se cumpre, é certo que marca com seu selo uma existência que, sem ela, não iria além dos horários de entrada e saída do trabalho.

Lamento a sorte de quem nunca se apaixonou, se é que sobrevive espécie tão improvável. Aqueles feitos de carne e desejo, os banais seres humanos, se apaixonam. Está no nosso plasma genético. Infelizes os que, fracassando no amor, em vez de congelar a amargura e tomar gosto pelas delícias desse mundo ficcional, insistem em chamar de vida real um cotidiano sem brilho, bem-comportado, em que corpo e alma não correm riscos. Em troca desse bom comportamento, ganham uma liberdade condicional, chatinha, ou o direito de habitar sem castigos a prisão por eles mesmos construída.

Não sei se haveria arte sem paixão. Arte é a paixão declarada pela vida. A literatura está aí, esse longo depoimento sobre a recorrência no tempo do élan insopitável que se instala sem nenhum aviso e funde dois seres desconhecidos no magma que habitam com naturalidade, ardendo no mesmo fogo. Os apaixonados não se conhecem, se reencontram. A paixão é um pertencimento ancestral, uma memória do nunca vivido a que alguém se curva como uma predestinação, como um destino incontornável.

A paixão é a pior das servidões, me disse alguém, instalado em confortável bom senso, festejando, com lágrimas nos olhos, o sentimento de ter recuperado a razão. Ouvi com respeito, sei reconhecer um ferido de morte e não me cabe revolver as cicatrizes alheias. Calei bem guardado o sentimento de liberdade que sempre encontrei na paixão. Ao fim de tudo era essa desmedida, esse sentimento sem fronteiras que deixava saudade.

A liberdade de sonhar com um mundo inaugural, enfeitado por projetos, voltas ao mundo desembarcando em todas as praias, deixando para trás o cotidiano gasto e medíocre. A paixão tem o dom de tornar sem sentido tudo que não tem o seu brilho e revelar em negativo a opacidade das vidas. Coloca-se no centro da existência como um sol da meia-noite que não deixa o dia descansar. Tampouco descansam os apaixonados para quem todas as horas da vida são poucas, todas as vidas são novas, todos os corpos são virgens.

A paixão reconstrói a virgindade, tem uma pureza juvenil. Paradoxalmente, é selvagem. Há nela uma força animal, um descontrole dos sentidos que passa longe da civilização e seus bons modos. É um mundo de bichos enfurecidos que rondam uns aos outros uivando para a lua. Nisso também reside o seu charme, a aceitação de uma invasão de fantasias que não deixam lugar senão para si mesmas.

O apaixonado não suporta a banalidade das conversas, quer voltar para suas memórias, seu mundo, aquilo que para ele é a vida real. Quer o silêncio em que ecoa uma única voz.

A intensidade sensual com que a paixão eletriza o corpo tem a sua contrapartida nessa espécie de ascese. Só esse mundo interessa e é nele que se passa a vida real.

Por que não acreditar nela? Por que sua incandescência seria menos real que o cinza do dia a dia, dos engarrafamentos, das filas no metrô, das enxurradas? Por que chamar de realidade o que a vida tem de mais insosso e jogar no purgatório as delícias e as urgências da paixão?

Por que a paixão acaba? A vida também, e nem por isso a razão aconselha o suicídio.

Delícias do casamento

NADA DEIXAVA PREVER tal desenlace. Um belo dia, um solteirão disputado na cidade, empedernido adepto da volubilidade, chamou para jantar seu melhor amigo e companheiro de folguedos. Depois das brincadeiras de praxe sobre as mulheres várias que atravessaram suas vidas, no fim do segundo uísque, mudou a voz e, solene, anunciou que acabara de se casar, um casamento que esperava que fosse para a vida inteira.

O amigo riu da piada e perguntou quem era a vítima da vez. Enumerou uns cinco nomes, e enquanto ia rindo não percebia o rosto transfigurado de irritação do recém-casado, que, baixando a cabeça, murmurou:

– Quero respeito.

Só então o amigo surpreendeu, assustado, uma expressão que não conhecia e que fazia esse senhor que nunca passara de um rapaz solteiro parecer um homem mais velho, paradoxalmente iluminado por uma fulgurante juventude. Bonito sempre fora, e muito, o que ajudara sua carreira de sedutor, mas esta noite a beleza ganhara uma esplêndida maturidade. Incrédulo, insistiu no nome da vítima.

– Mais uma palavra e eu me levanto. – Subia o tom. – Se quiser, apresento-lhe a minha mulher, que não é vítima de nada nem de ninguém. Aliás, você não a conhece.

Como ousava esse sujeito com quem partilhara uma vida inteira pretender que ele não conhecia alguém tão importante que merecesse o pomposo título de "minha mulher"? Começou a ter medo desse presente que invadia o passado, que o deixava lá, estacionado um mês atrás, quando tinham se visto pela última vez. Abriu a boca para dizer qualquer coisa, mas a boca não se fechou. Ficou assim, boquiaberto, olhando esse desconhecido cada vez mais longínquo.

– Casei-me com uma mulher que conheci há pouco tempo e que aceitou o pedido que lhe fiz de viver comigo. E sou muito feliz com ela.

Desfilaram, a partir daí, as suspeitas de praxe. Uma garotinha aventureira de olho no bom dinheiro do velho, um começo de Alzheimer, um cochilo, ataque de burrice de um enrabichado por um corpinho qualquer. Ou, coitado, o medo da solidão... mas como, nesse homem cercado de meio mundo, admirado por muitos, desejado por todas? Que solidão é essa, diabos!

Vieram os conselhos de sempre, cuidado, veja com quem se meteu, você é um homem público, não se exponha ao ridículo, na sua idade ninguém pensa mais em casar, no máximo em curtir as amantes eventuais que nunca lhe faltaram. Bonitão e rico, esse risco você não corre.

Um devastador olhar de tédio e desprezo e a conta pedida ao garçom acabaram por dar a medida da gravidade da situação. O homem ia mesmo embora, melhor mudar de estratégia. Resolveu mostrar-se interessado.

– Mas o que você encontrou nesse casamento que a vida de solteiro não lhe dava?

Um olhar onde boiava um meio-sorriso acompanhou as frases curtas:

– Dormir de mãos dadas, durmo de mãos dadas com ela. Acordar e gostar de vê-la dormindo a meu lado. Fazer um café – eu mesmo faço – e levar para ela na cama, faço ovos também, tomamos café na cama e nos amamos ferozmente. É bom, eu gosto.

Impossível imaginar seu herói garanhão servindo café na cama a uma... "uma garotinha mimada".

– Minha mulher tem a minha idade e até hoje só foi mimada por mim. Trabalha o dia inteiro, enquanto eu preparo um bom jantar para quando ela chegar. É bom, eu gosto.

Golpe fatal, uma mulher de mais de sessenta anos. Uma senhora. Um abismo se abriu sob os pés do amigo traído.

– Conversamos muito, vivemos no presente e no futuro, afinamos nossos sonhos, fazemos projetos, e são tantos, mas tantos, que vamos precisar do resto da vida para realizá-los todos. Temos muita pressa porque nessa idade a vida não espera.

– Um amor de outono? – O amigo tentava uma abordagem respeitosa.

– Verão ardente, meu caro, escaldante, um amor solar, o mais luminoso que tive na vida. – Falava sem nenhuma esperança de convencer, e aliás pouco lhe importava, enquanto um aperto no coração do outro lembrava estranhamente a inveja e o despeito.

– É verdade essa história de dormir de mãos dadas? – Não veio resposta, veio a conta. Hora de comprar um vinho.

– Quando você achar conveniente, me dê o prazer e a honra de conhecer sua mulher – rendeu-se, enfim, um homem vencido pelo inusitado de que a vida é capaz.

Sábado, de manhã

ONTEM AINDA ERA A SEMANA com seus ecos da cidade, seus problemas sem solução, o aeroporto fechado, os carros impotentes nos engarrafamentos e o cansaço que pega na alma e adormece os sentidos. Ontem ainda era esse homem sem corpo, um tempo sem tempo, pulando de rosto em rosto, de vida em vida, de sala em sala, batalhando dinheiro, que, afinal, ninguém consegue passar sem uns trocados que compram gravatas Ferragamo ou jantares nos restaurantes da moda onde ela gosta de ir.

Ontem ainda era ontem e o sono pesava nas pálpebras, no sexo, mesmo olhando nos olhos o rosto iluminado que sorria para ele, mesmo sentindo na palma a pele tão desejada. Querendo chegar em sua própria cama como um náufrago à praia, nadou entre os lençóis e dormiu.

Mas hoje é sábado de manhã. Uma noite longa em que encontrou ao acaso de um movimento o calor de outro corpo, em que sonhou uma vida estranha em que não se parecia consigo mesmo, nem ela com ela mesma e se procuravam numa espécie de labirinto.

E eis que veio a manhã, radiosa, e o mesmo rosto iluminado que lhe sorria como na véspera encontrou agora um sorriso seu, um homem novo em folha, ali, no sábado de manhã, habitando uma outra vida toda feita para o amor, como se nada, absolutamente nada existisse fora daquelas paredes e da desordem dos travesseiros já perdidos nos pés da cama. Ontem, a semana inteira, não eram senão um passado longínquo e esmaecido, e ele mesmo um estranho que conhecera, quem sabe, em outra vida.

Sábado de manhã é sempre um milagre em que a vida volta, reflui, depois da ponte aérea, das rápidas conversas telefônicas, pontes que se interrompem sem nenhum aviso, depois dessa falta que lhe dói no corpo e se transforma em uma certa melancolia e na vontade de confessar, apesar de bem treinado para a frustração bem paga, que sua ambição verdadeira, sua vontade mais secreta, não é ganhar a licitação e muito dinheiro, mas simplesmente um beijo de fôlego infinito da mulher que dorme a seu lado.

Olhos abertos, silêncio e claro-escuro, e ele já pronto para pular da cama. Se enfiar na ducha e sair de lá de terno e gravata, experimenta o sabor das complacências do corpo nu, de uma manhã sem as fronteiras dos compromissos, do amor bem-feito, com gosto de eternidade, a glória dos gozos que teve e que deu. Murmura algo que soa como feliz. Porque é sábado de manhã e essa manhã só termina no meio da tarde, quando a fome e o desejo ardente de um café bem quente ensinam que um desejo não é melhor que outro, apenas uma questão de momento.

Deitada, inerte, ela olha o teto branco com uma atenção desmedida. Ali passa, mas só ela vê, o filme das noites brancas, se perguntando que vida é essa, ele lá e ela aqui, esse desperdício de si mesma em um mundo que ela não inventou, mas que é o seu, como se nenhum outro fosse possível fora desse escritório elegante onde desempenha, convincente ao extremo, o papel de mulher que se basta a si mesma. Não conta a ninguém que às vezes chora com medo dos deuses que derrubam aviões ou desviam destinos e rola na cama, insone, porque ainda é quarta-feira.

Mas hoje é sábado de manhã e os gestos ganham o sentido que a semana esqueceu, o amor invade o dia e a traz de volta a si mesma, às flores com que enfeitou a casa, as toalhas macias que pendurou no banheiro, porque sábado é dia de perfumes e maciez. Sábado é dia do melhor de si. Dia de pausa e ninho.

Como toda mulher faz contas, sabe que vive menos de um terço da vida, mas não se queixa, porque a paixão não se conta em dias, mas no sentimento de oceanidade que lhe faz guardar nos braços esse amor que sobrevoa seu quarto nos fins de semana, se faz de distraída, mas olha com o rabo do olho seu homem que empunha uma xícara de café.

Sabe que essas manhãs são vitórias, exíguas liberdades roubadas à servidão que se impõe a ambos como vida real. E guarda a secreta certeza de que a verdadeira vida é essa luminosa manhã de sábado. Sem palavras, abre os braços e o acolhe, cumprindo sua vocação de enamorada. E namorada.

Fantasias masculinas

COINCIDÊNCIA FELIZ O DIA INTERNACIONAL da Mulher cair na terça-feira de Carnaval! Como escolher nossas máscaras agora que se foi o tempo das Colombinas, divididas entre Pierrôs e Arlequins? A máscara preferida das avós, às voltas com as traições e o pecado, já não diverte ninguém.

Temos no armário uma coleção de fantasias, vidas possíveis ou desejadas. Quem vai sair de mulher feliz? Ou de mãe extremosa que nunca bateu no filho? Alguém se habilita ou a máscara é por demais pesada?

Linda a máscara da executiva de sucesso! Um certo ricto na boca e os maxilares trincados lembram que ela não veio à vida a passeio. Bem-vestida e maquiada, concorreria ao prêmio de elegância do Carnaval de Veneza. Na vida real, concorre contra todos, que o mundo não está para brincadeiras e o caminho do sucesso, que ela pensa saber o que é, não se estende a seus pés como um tapete de confetes.

As máscaras mais procuradas estão à venda nas clínicas de cirurgia plástica. Você leva uma foto de vinte anos atrás e, pronto, sai com uma novinha colada no rosto e que lhe dura uns poucos anos de ilusão. Depois, devolve e manda fazer outra. A máscara da juventude custa caro. Como são todas parecidas, há quem não aprecie e prefira a que lhe esculpiu na face uma longa vida, bem vivida. Esta certamente não é gratuita, custa as rugas do riso e das preocupações. Ora máscara da tragédia, ora máscara da comédia, muda de ano para ano, tempo suficiente para ir, aos poucos, se acomodando ao inexorável da morte.

A máscara de Eva se usa nas praias, lá onde a democracia expõe desigualdades outras que as da conta bancária. Costumam vesti-la, melhor dizendo, despi-la, esquálidas ou rechonchudas, todas fantasiadas da mulher escultural que sonham ser. Eva é uma antimáscara, a que não esconde nada, ao contrário, revela e realiza, no imaginário sem censura nem espelho, a ambição do corpo perfeito. Toda Eva malha na academia, faz pilates e jura que é de bom grado que se esfalfa, que lhe protege o coração. Toma tarja preta para baixar a ansiedade e janta uma folha de alface. É a máscara mais usada no Carnaval do Rio.

Agora que a versão do que é ser mulher não dura mais do que três dias de folia, a vertigem de um tempo acelerado mexe com o ideal das mulheres. Elas correm atrás de si mesmas, trocando de máscaras como de companhia. Tempos do descartável e do flex.

Como o espectro das máscaras se ampliou, encontram-se algumas raríssimas. A de presidente, que já vem com a faixa verde e amarela, é a mais cara que existe, o preço é quase impagável.

Quem elas encontrarão no baile de máscaras em que se transformou o dia a dia? Eles virão fantasiados de quê?

Arlequim não é para qualquer um. Não confundir com o velho sedutor barato. Pede-se uma especial elegância, uma graça, inteligência e astúcia para vestir os losangos coloridos que enfeitam sua arte de viver. Não vestem bem uma rapaziada distraída, ocupada em ganhar dinheiro fácil e rápido.

Pierrôs são malditos e desprezados pelos homens, embora todos encontrem um dia o destino de apaixonado que chora no escuro uma dor inconfessa. À luz do dia, enxugam as lágrimas e imprimem na camiseta "me beija que eu sou gostoso". Arlequim e Pierrô não sabem mais quem são. Colombina tampouco.

Que máscaras masculinas cortejarão ou serão cortejadas por essas mulheres eternamente jovens, donas do seu dinheiro, sexualidade flex e corpo perfeito? Alteridade complexa. Eles, não elas, são a grande incógnita das folias do amor daqui para frente.

Proponho um jogo para essa manhã de sábado de Carnaval: pergunte ao seu namorado do que se fantasiaria se fosse a um baile de máscaras. Se ele disser "não sei", estará sendo sincero. As definições estão difíceis. Caso escolha alguma, a máscara escolhida pode ser uma pista. Oscar Wilde dizia que a escolha de uma máscara conta mais sobre alguém que uma detalhada biografia.

Seja ele quem for, não leve a mal, hoje é Carnaval. Fantasias masculinas são tão imprevisíveis quanto as nossas. Seja ele quem for, seja o que Deus quiser.

Como lembrar

O CICLO INFERNAL PAIXÃO, delírio, declínio e abandono é tão parte da história humana quanto o primeiro choro ou o último suspiro. Como contar, uma vez mais, esse *leitmotiv* da literatura mundial, sem pisar jamais o lugar-comum, senão pela entrega incondicional à dor absoluta? Senão rendendo-se a uma intimidade com ela que expulsa qualquer consolo, como se fosse a dor a única reminiscência nobre, à altura da vivida felicidade e do imperdoável desastre?

Como esquecer: anotações quase inglesas, de Myriam Campello, aceita a dor como única companheira confiável e é assim que conquista a confiança do leitor que se rende, por sua vez, à veracidade dos sentimentos e à elegância de uma linguagem herdeira da "inglesa de Rodmell".

"O que pensaria Woolf de tudo isto?" é a interrogação que abre suas anotações e enuncia a clave escolhida para melhor lembrar a pretexto de como esquecer. Anotações talvez ibéricas, onde o britânico *sense of humour* serve misteriosamente – e é essa a bem-sucedida alquimia de Myriam – a um pranto digno de Garcia Lorca. Mesmo se Júlia, a personagem narradora, evoca Heathcliff e seu amor por Cathy, que "ajudou a moldar o amor ocidental".

Professora de literatura, Júlia escreve um ensaio sobre Emily Brontë no momento mesmo em que vive o luto pelo abandono. Os fatos banais, a vida, ironicamente, chamada real, a mudança para uma casa nova, com dois amigos igualmente vítimas de perdas, e a tentativa de produzir algum equilíbrio juntando pedaços de seres mutilados, tudo se apresenta com perfeita irrelevância, como um cenário em que seres reais e visíveis cedem lugar à única presença real: a dos ausentes. Antonia, o amor perdido de Júlia, Pedro, morto para desespero de Hugo, Sandro, expulso das entranhas de Lisa.

"Destrói-se o passado com um peteleco – basta a porta entre duas pessoas fechar-se com um clique duro. Mas esquecê-lo é outra história. Vende-se um passado ainda em bom estado de conservação, recheado de esplêndidas lembranças." São as "esplêndidas lembranças" de uma viagem pela Inglaterra que dão a ver o mundo de Júlia, apenas sugerido pela autora como quem deixa voluntariamente pegadas. Elas vão dar no castelo de Knole, onde nasceu e viveu Vita, Lady Sackville-West, amor infeliz de Virginia Woolf, reinventada em *Orlando*, em Harwoth, o presbitério das irmãs Brontë, ou às margens das "águas geladas do Ouse, onde Virginia Woolf vestiu sua roupa de água e peixe". Júlia sabe que errou, que certos lugares não se compartilham, pois é impossível resgatá-los depois sem contaminação. "É um erro misturar os mitos pessoais com o ser amado."

A Inglaterra é um território do espírito, onde Júlia – e Myriam Campello – transitam. Emily, Charlotte, Vita e Virginia fazem suas aparições no baile de fantasmas de um mundo submerso pela dor.

Charles Dickens também comparece. Júlia imagina-se como Miss Havisham, personagem que Dickens criou, à imagem de uma mulher louca, vestida de branco, que, em sua infância, assombrava o West End de Londres dizendo-se uma noiva enganada. Myriam Campello criou Júlia, mulher traída, à beira de um colapso, que atravessa uma praça do Rio onde vivem mendigos, delirando a beleza perdida do campo inglês.

Como esquecer? "Essa xaropada do tempo pode ser insuportável de ouvir, mas é café pequeno perto das armadilhas medonhas que lhe reservam a memória e o mundo inanimado." O "lamentável ocorrido" é onipresente. "Como não se pode avisar a um acervo imenso de lembranças, à cidade, à natureza, cada relâmpago que inunda o passado de luz, cai em cima de você de navalha na mão. Eu, por exemplo, ainda não avisara a lua." Mas o tempo tem excelente pontaria e sempre vence no final.

Quem sabe outra pessoa? A tentação do banal traz ao enredo Helena, previsível saída de emergência de uma dor sem saída. Inútil. Traz Hugo, o jovem Nani, e com ele as angústias de uma relação desprotegida, onde a morte aceita o convite, mas afinal não vem. "A profanação é um estilizado instrumento para ceifar emoções – um instrumento cortante. Mas confesso que não é para mim."

Júlia, Hugo, Lisa, na "casa dos três porquinhos", sacudida amiúde pelos ventos uivantes, reaproximam-se timidamente da vida: num abraço amigo, numa boa comida, num copo de vinho, às vezes inebriados, numa quase alegria. Impassível, senhora de sua força persuasória, colabora a beleza do mundo. "Mas antes é preciso que o tecido se regenere, pois a vida só consegue retornar para a vida, não há outra rota."

Como esquecer é um livro pungente, bela escrita, implacável em seu pacto com a verdade mais cruel: somos inconsolavelmente sós.

DECIFRA-ME
OU TE DEVORO

Digite sua senha

Quem você pensa que é? A pergunta grosseira brota, às vezes, no calor de uma discussão. Todos estamos convencidos de que sabemos muito bem quem somos. Ou porque a autoestima é alta ou porque anos de análise ajudaram a mergulhar fundo nas dúvidas que pairavam sobre a identidade.

Eu também pensava que sabia muito bem quem era. Tenho certidão de nascimento, carteira de identidade, passaporte e título de eleitor. Tenho livros publicados e na capa vem escrito o meu nome. Se alguém me encontra na rua e me chama, eu respondo. Daí minha tristeza quando, de uns anos para cá, cada vez mais frequentemente ao longo do dia, quando digo meu nome já não basta. Uma gravação lacônica ordena: digite sua senha.

É quando os números se embaralham na cabeça: é a senha do banco, a da companhia de seguros, a que abre o computador ou a que tranca o cofre do hotel? A do cartão de crédito ou do caixa eletrônico? E o programa de milhas, maldita impostura que ninguém consegue abrir. Não, não me digam que é simples, que basta usar sempre a mesma. Aniversário não vale, endereço também não, telefone nem pensar, ingenuidade demais. Há que ser engenhoso. Começa o calvário, quatro dígitos ou seis dígitos, com letra ou sem letra? Que número escolhi em cada caso, o que começa ou termina aquela senha "sempre a mesma"?

Na floresta digital, vaga perdido um indivíduo humilhado, checado a cada passo, bandido ou hacker potencial, condenado a provar sua identidade para muito além das letras que lhe atribuíram na pia batismal. Esse pobre diabo carrega consigo pesadas correntes de números desconexos, que se desmentem e nos desmentem à menor hesitação do dedo ou da memória. Um dígito em falso e lá se vai, engolido, o seu cartão.

Os números tomaram o poder e depuseram as palavras. Já não existe um homem ou uma mulher de palavra. Quem você diz que é? Pois digite a sua senha, insiste a metálica voz eletrônica. Esqueceu? Perdeu! Deixou de ser alguém.

Senha já foi uma palavra mágica, encantatória. Remete a tempos heroicos, às vidas clandestinas dos que queriam salvar o mundo, onde os nomes contavam pouco e uma palavra aproximava desconhecidos, provando que partilhavam um mesmo destino, que tinham um escuso ou alucinado projeto em comum. O famoso Dia D, o desembarque na Normandia que começou a pôr fim à abominação do nazismo, foi anunciado pela rádio por um poema de Paul Verlaine. Na minha juventude revolucionária, era por uma senha que, trêmulos, nos reconhecíamos nas esquinas onde trocávamos uma mala de roupa por outra, abarrotada de panfletos contra a ditadura.

Na vida amorosa, a senha era a chave que desvendava o mistério de um encontro. Uma palavra excitante, com ressonâncias de transgressão e de pecado, avalista de um segredo, de um amor proibido. Uma vez ou outra na vida lancei mão de uma senha.

Odiada palavra dos tempos que correm. Não me serve para encontrar alguém, mas para me perder. Tenho medo de um dia ficar presa dentro de mim mesma, do meu eu virtual, incapaz de comunicação com tudo e com todos, dependendo de uma senha que remete a outra que remete a mais uma, que volta à primeira, fechando o círculo diabólico de que nunca sairei.

Esse pesadelo cibernético acompanha quem vive em um tempo de ameaças e medos e transita pelas vias eletrônicas infestadas de falsos egos. Nelas ninguém existe de verdade e talvez venha daí minha estranheza. Para seres mais práticos e objetivos do que eu as senhas são simplesmente boas amigas e uma segurança indispensável ao funcionamento do mundo contemporâneo.

Incrédula, pergunto: onde terão ido parar as senhas que bloqueavam os computadores das embaixadas americanas? Um hacker diabólico expôs ao mundo todas as feridas da diplomacia mundial e ameaça destruir nada menos que os maiores bancos do mundo. Como terá ele se apropriado da senha de todas as senhas, esse Assange Bin Laden que bombardeia a América com bombas virtuais. Inexpugnável segredo. De uma pessoa? De um grupo? Que senha os protege?

Harvard e Realengo

Logo após o massacre de Realengo, como balas perdidas, atravessaram a internet manifestações de apoio ao assassino. Quem seriam essas pessoas que habitam um mundo desencarnado e sem lei em que o anonimato tudo absolve? Para além do asco, o que fazer com elas?, perguntava-se então a opinião pública.

Na falta de legislação específica, dizem os juristas, aplica-se ao ambiente virtual a mesma legislação criminal aplicada na sociedade brasileira. O que é crime aqui, também é lá. Só que lá as rotas de fuga são outras, os esconderijos também. Nosso sistema judicial, por si só já tão capenga, seria capaz de punir alguém? Improvável.

Mundo virtual, a internet, para o bem ou para o mal, guarda a marca das presenças de carne e osso. Quem mandou as mensagens usa a nossa linguagem, partilha um mesmo código. Ainda que a sensação de estranheza seja tão grande como se, de repente, o mais rastejante dos invertebrados ou uma pedra criasse um site ou enviasse um e-mail aplaudindo quem mirou na cabeça de meninas.

Na vã tentativa de explicação do som da fuzilaria e da fúria do assassino a internet entrou no rol dos culpados: o criminoso teria se abeberado em sites terroristas, sofrido a influência de outras pessoas. É lugar-comum culpar a internet pelas misérias do mundo. Que mídia não influencia? O rádio e a televisão, como todo emissor de massa, influenciam, mas suas mensagens têm autoria e endereço. O que está em questão é o princípio da responsabilidade na internet. Ou será que a responsabilidade por palavras e obras tornou-se um conceito pré-virtual?

Anonimato, segundas vidas, falsas identidades, tudo é propício a que venham à tona delírios, perversões e perversidades de todo tipo. "Eu é um outro." A fórmula de Rimbaud define a infinidade de possíveis além-fronteiras do inconsciente. Aberta à expressão de todos, a rede tem uma natureza de espelho, por vezes um espelho de circo, que devolve a imagem, grotesca, mas reconhecível, de tudo que existe entre nós. O que circula na rede e que escandaliza são as zonas de sombra do mundo real, expostas à luz do dia.

Com todos os seus riscos e imensas oportunidades, a internet é um dos grandes interrogantes do mundo contemporâneo. No filme *Redes sociais*, o personagem de Sean Parker, criador do Napster, faz o elogio das tecnologias da informação: "Se um dia vivemos no campo e depois nas cidades, hoje vivemos no ciberespaço."

Retórica ou sabedoria premonitória, o fato é que já há quem habite, uma boa parte do dia, esse território virtual. Os jovens estudantes de Harvard criadores das redes sociais, chamados geração 2.0, inventaram um outro mundo. Que mundo é esse?

A pergunta não lhes interessa, esse mundo não é movido a porquê. No universo de Mark Zuckerberg, o que importa é o como. Conectar-se é o verbo mágico que explica o seu Facebook. Conectar-se com que objetivo? "Conectar-se com quem quer se conectar conosco. O objetivo é conectar-se", respondeu a um entrevistador.

Não responderiam assim os dissidentes árabes que tinham muito a se dizer usando o engenho de Zuckerberg. Wael Ghonin, executivo do Google no Cairo e protagonista da Revolução do Nilo, declarou que gostaria de conhecê-lo para agradecer a invenção do Facebook.

Pouco importa se a revolução egípcia faz sentido ou não para um Zuckerberg. No centro do debate sobre o *soft power* defendido por Hilary Clinton, as redes sociais são descritas como um sedutor veículo de ideias, mais eficaz para derrubar ditaduras do que as malfadadas intervenções militares.

Cientistas que cruzam informações e, assim, curam doenças ou quem encontra no YouTube os shows a que não assistiu, passam ao largo dos crimes e revoluções. Sem a rede, o movimento pela Ficha Limpa não teria ido a lugar nenhum. Cada um traz à internet, e busca nela, aquilo que é e o que deseja para sua vida.

No man's land, o "território" da internet impacta e permeia o mundo real. O meteoro invisível que os meninos de Harvard criaram chocou-se com o tempo presente. Um meteoro já pôs fim a uma era. Direito, ética, superego, tenderão à extinção como dinossauros?

Todos os regimes autoritários querem controlar a internet. Às democracias que, com razão, louvam e utilizam suas dimensões libertárias, repugna essa ideia. Devem, porém, a si mesmas, para preservar sua integridade, instrumentos capazes de dar forma a esse novo mundo, punindo, de verdade, as manifestações criminosas que ele acolhe. Passaram-se dois meses. Já foram encontrados e punidos os adeptos do assassino de Realengo?

Incorpórea população

NOS ANOS 60, os astronautas buscavam vida em outros planetas. Meio século depois, é aqui mesmo que se descobre um outro tipo de vida: a incorpórea população que habita o ciberespaço.

As ideias, como as gerações, envelhecem e morrem. Maneiras de sentir e de ver o mundo têm prazo de validade. Confundidas com um trivial choque de gerações, as transformações profundas que estão em curso constituem uma mudança de era. São o sintoma da emergência de uma civilização desconhecida.

Em menos de duas décadas, as tecnologias que revolucionaram a comunicação deram ao mundo uma forma inédita cujas consequências são de difícil apreensão, em particular pelas gerações que estão a cavaleiro entre esses dois tempos, antes e depois da internet. O mundo virtual tornou-se parte da vida real e já não é possível separá-los ou estabelecer, entre eles, uma hierarquia. A vida de cada um gira cada vez mais em torno de duas pequenas telas: o computador e o celular. Quem mergulha nestas telas cai, como Alice, do outro lado do espelho.

Testemunha-se qualquer fato onde quer que ele se passe. A globalização não é mais um conceito abstrato, é uma experiência cotidiana, irreversível, de um mundo vivido virtualmente. Quem não fala digital nativo passa seu tempo correndo atrás de tecnologias que, mal acabamos de dominar, já mudaram e cobram, em tempo, o preço do próprio tempo que elas prometiam nos poupar.

Imigrantes no futuro, não estamos bem situados para entender essa civilização recém-descoberta. Tampouco sua incorpórea população, aderida alegremente ao seu múltiplo e lúdico fazer, entende a si mesma, já que não parece propensa a grandes interrogações sobre o sentido das coisas.

Paradoxo: essas tecnologias que supostamente nos aproximam do que é longínquo nos afastam dos mais próximos. A internet e os celulares nos oferecem tudo, salvo pessoas em carne e osso. O SMS economiza a viva voz como os tuítes economizam os pensamentos. Conversamos com alguém do outro lado do mundo, vemos sua imagem, mas não sentimos o calor de sua presença.

Atropelando direitos, ignorando autores, o Google age como uma superpotência e contra esse poder avassalador já se insurgem Estados, como França e Alemanha. O ciberoráculo responde a qualquer questão, salvo de onde viemos e para onde vamos.

O mundo se expande e encolhe ao mesmo tempo. Arte e política se submetem ao novo modo de viver. No país de Proust, um concurso literário desafia escritores a um conto de 140 toques. Políticos comprimem em frases amputadas receitas para salvar seus países do caos.

Na ausência de comunidades reais como as famílias ou companheiros de um projeto político ou religioso que nos ultrapassa, quando os laços de pertencimento se esgarçam, amplia-se o mercado das relações virtuais, a rede de amigos que se contam em milhares, virtualidades deletáveis em um clique indolor. O Facebook – jogo divertido de comunicação sem relação – ultrapassou a cifra de um bilhão de usuários. O conceito qualitativo de amizade, privilégio durável de uns poucos escolhidos, nessa nova civilização dilui-se no quantitativo efêmero.

O ciberespaço abriga zonas de sombra. A identidade de sua população é improvável, lábil, cambiante. Pode ser e não ser. Qualquer um pode ser muitos, se desdobrar em quantas vidas adote. Um nunca acabar de encontros pode se dar entre personagens ficcionais, cada um escrevendo o romance de uma vida. No ciberespaço, quem é o Outro com quem nos relacionamos sem que tenhamos por ele responsabilidade?

As balizas de tempo e de espaço não vigoram no ciberespaço. O lugar do interlocutor é indefinido, o tempo pode ser inventado, relativizando essas dimensões com que sempre trabalhara o pensamento na construção da ideia mesma de real.

Essa população que se delicia no anonimato se quer também inimputável, sem lei, sem superego, sem tabu. Em boa hora o Congresso brasileiro acordou para este problema, aprovando projetos que penalizam crimes praticados na rede. Outros, em pauta, propiciam a discussão sobre os limites ao vale-tudo nessa terra de ninguém.

O ciberespaço é habitado por nós mesmos, desmaterializados, é um rebatimento do mundo real, sem instituições, sem códigos de moral ou ética, de relacionamento entre pessoas, sem os interditos civilizatórios que domesticam a fera que dorme em cada um.

Esse inventário de perplexidades é herdeiro de um tempo em que estas questões eram relevantes. Daqui para frente ainda encontrarão eco nos espíritos ou parecerão cada vez mais anacrônicas e desprovidas de sentido?

O amor nos tempos da web

CONHEÇO BEM AS SUSPEITAS. Escritores são mentirosos, inventores de histórias que juram que são verídicas. Você começa a contar um caso e logo ouve que "essa aí você inventou agora". O que às vezes é verdade. Ou mentira. Mas desta vez, eu juro, é verdade, a história está acontecendo e é assim mesmo que acontece.

Histórias insólitas exigem uma ficha técnica. Ela, 35 anos, bela, cosmopolita e poliglota, economista, brasileira, solteira e entediada com a gente masculina que a cerca, mercado financeiro demais para o seu gosto. Inteligente e culta, torce o nariz para a rapaziada, tem fama de inconquistável.

Ele, trinta anos, feiinho, egípcio que só fala árabe, médico, supostamente solteiro. Pelo menos é o que ele diz. Conheceram-se em um bar ao pé das Pirâmides numa tarde quentíssima em que ela e uma amiga, recém-saídas de um dia exaustivo de sobe e desce nos monumentos, tomavam um chá de hortelã, quando foram abordadas por dois rapazes que, educadamente, se apresentaram. Um falava um inglês perfeito, o outro não, e é o segundo o herói da nossa história. Ela mesma, não sabe como, encantou-se com esse que tinha olhos fundos, cílios longos e macia a palma da mão que apertou a sua. Conversaram por olhares e duas ou três palavras que ele sabia em inglês. As moças tinham que ir embora, trocaram e-mails e nunca mais se viram. Pessoalmente, digo, porque virtualmente, segundo ela, vivem juntos há seis meses.

Que vida é essa? A minha pergunta cai no vazio de seu desprezo. Uma vida sem palavras, vivida em outras linguagens, porque há mil maneiras de se comunicar. A eles só falta uma insignificante língua em comum. Também os separa meio mundo, mas, enfim...

Compraram um Skype em que se veem nitidamente, usam tudo que a imagem pode transmitir. Dito isso, ela puxa seu celular e me fotografa, explicando que todo dia conta por fotos o que foi o seu dia e ele responde com o dele. Lá vai a minha foto para o Egito, com o meu nome, assim ele saberá que almoçamos juntas e vai "me conhecer". Foi com fotos que ela foi apresentada à família dele, e que apresentou-o à sua.

Usam mais notas do que sílabas. É um amor musical em que os gostos em comum vão se afinando. Já visitaram juntos vários museus e assinalaram seus quadros prediletos. Assistiram a tantos concertos! Sem muitos rodeios, tudo o que têm a se dizer vai se resumindo ao essencial.

Uma vida com poucos tempos de verbo, passado e presente. Terá futuro? Ou já é ele mesmo o futuro?

A essa altura, boca e curiosidade abertas, começo a viajar nessa vida em comum e logo percebo que para mim seria invivível. Jamais prescindi do Condicional, último refúgio e defesa das minhas incerteza, sobretudo em casos de amor.

Mas eles, não. Apaixonadíssimos, ela sai do trabalho correndo e volta para ele, que, vítima do fuso horário, faz vigília toda noite à espera de que ela chegue em casa com as novidades do dia. Ontem mostrou-lhe, vitorioso, um dicionário de inglês e árabe que devora como um romance. Descobriu na internet um programa que traduz em todas as línguas do mundo em suma, o homem só pensa em decifrá-la, nem que seja um pedacinho.

Peço mais uma caipirinha para aguentar, com dignidade, minha viagem no tempo. Olho bem para ela, para sua maturidade tão feminina, e é claro que não vou perguntar nada. Foi nesse ponto que eu soube que ele tinha a palma da mão macia e que juntava cada tostão para comprar uma passagem para o Rio. E que ela vai passar o Natal longe do Menino Jesus, visitando os templos de Luxor.

Não sei se esse amor é o futuro ou um mergulho no passado, quando os amantes se contentavam com cartas incandescentes e juras de amor eterno. Não sei se é profano ou dolorosamente casto. Não sei, não julgo.

Se essa comunicação é satisfatória? Não sei se mais nem menos do que a de tantos casais que, lado a lado, falam a mesma língua e não se dizem nada. Sei que lutam bravamente para se entender. Sem saber, são a metáfora viva e fazem o caminho inverso da incomunicabilidade que tanto assombra amores que se perdem, inexoravelmente, no silêncio e na distância lado a lado.

Paradoxo tragicômico

O VELHO DITADO "a pressa é inimiga da perfeição" foi virado pelo avesso. Agora nada é perfeito se não for instantâneo.

A aceleração, o fenômeno contemporâneo mais vivenciado e menos compreendido, permeia o cotidiano como uma condenação coletiva e provoca reações ambíguas. De um lado, o sentimento lúdico de concorrer consigo mesmo e ganhar o jogo de multiplicar atividades ao longo das inarredáveis horas de um dia. De outro, o sentimento de esfacelamento, de nunca pousar em nada, vivendo uma temporalidade de zapping. Nos espíritos sobrecarregados uma atividade deleta a outra e banaliza todas.

Viciado na aceleração, o psiquismo, por adaptação, se transforma e, na urgência do instantâneo, vai perdendo a capacidade de reflexão. Daí ser mal percebida a revolução cultural que está moldando dimensões essenciais da vida, como o trabalho e as relações de amor e de amizade. Esses sentimentos, que amadureciam no tempo da convivência, encolheram em relações virtuais, efêmeras e indolores.

A impaciência que nos ataca quando um clique não produz imediatamente o resultado esperado é uma espécie de regressão infantil, resquício do tempo em que a criança quer tudo, aqui e agora. Corre a lenda que, em Hong Kong, o botão mais usado no elevador é o que apressa o fechamento das portas para ganhar uma infinitesimal fração de segundo.

A parafernália tecnológica, celulares e computadores, o milagroso Google em particular, nos habituaram a receber respostas imediatas a toda e qualquer pergunta. Uma falha de conexão é vivida como uma frustração intolerável. Instaurou-se uma relação perigosa entre informação e conhecimento. A informação estocada, que pode a qualquer momento ser acessada, não precisa ser memorizada para se tornar conhecimento. Em seu sábio *Livro das ignorâncias*, Manoel de Barros sentencia: "As coisas me ampliaram para menos."

Para os jovens, o ritmo dos grandes clássicos do cinema é insuportável. Hollywood adotou a estética frenética dos clips de publicidade em que a mensagem deve passar em segundos, antes que a atenção se desvaneça.

Na linguagem escrita, o despotismo da pressa se exerce de maneira ainda mais evidente. A carta tornou-se um objeto impensável abduzida no e-mail, no SMS e na mais perfeita expressão da rapidez como valor, os 140 toques do Twitter.

A economia financeira viceja no reino da urgência. Na era industrial, a confecção de um produto obedecia aos tempos e ritmos incontornáveis de transformação da matéria. Os produtos negociados no mercado financeiro são, em sua imaterialidade, de confecção instantânea e as fortunas que nele se fazem meteóricas. Cada investidor se acredita destinado a um dia banhar-se em dinheiro como os bilionários texanos se banhavam em petróleo. O exemplo dos meninos do Vale do Silício que, em vinte anos, se fizeram os mais ricos do mundo, excita a urgência de enriquecer.

A aceleração, que até aqui foi vivida como fator de progresso, atinge um momento em que pode se tornar fator de retrocesso.

A cultura do imediato, do eterno presente, da volatilidade e da fugacidade não favorece a compreensão de problemas que se estendem no longo prazo, a exemplo da crise ecológica, talvez o maior desafio colocado à inteligência humana. Que mentes viciadas na satisfação instantânea, no estilo zapping, serão capazes de reconhecer e equacionar um problema que se enuncia em décadas e cuja solução exige, hoje, renúncias em nome de amanhã? É mais fácil olhar para o umbigo do que para o horizonte.

As respostas à crise ecológica, que dependem essencialmente de uma mudança de mentalidades e comportamentos de pessoas, empresas e governos, esbarram no paradigma do eterno presente. Exigem sabedoria que permita entender que a tecnologia não impede a deriva dos polos, a desolação das florestas amputadas, a morte do mar e outros flagelos que todos reconhecemos como ameaça futura ainda que não tenham ainda invadido totalmente o presente. Exigem um saber que vai muito além da pletora de informações.

O grande T. S. Elliot se perguntava: "Onde está a sabedoria que se perdeu no saber? Onde está o saber que se perdeu na informação?"

Participei, no Rio, durante a Rio+20, de um encontro de laureados com o Prêmio Nobel que estão pensando a crise ecológica. O evidente abismo entre o saber e o poder não augura nada de muito bom. A conferência é mais uma etapa da lenta negociação de consensos de extrema urgência. O dissenso entre as nações não se resolve com um clique, deletando as relutantes do cenário político. A crise ecológica impõe a aceitação do longo prazo a um mundo viciado no curto prazo. Paradoxo tragicômico. Quando a urgência é vital, somos incapazes de rapidez.

O VELHO E O NOVO

O velho e o novo

O TEMPO NÃO CORRÓI apenas os rostos e os mármores. Corrói ideias e o sentido das palavras que já não exprimem as realidades mutantes, deixando os conceitos tontos, à procura de si mesmos.

Assim é com a nossa bendita democracia. Que realidades essa palavra, hoje, reveste?

Quem viveu os anos de chumbo sabe dar valor a tempos insossos, sem tempero de pólvora. Pouca diferença entre os governos que se sucedem, o magro debate de ideias não traz diferenças essenciais entre desenhos de futuro.

As instituições funcionam mesmo se há um abismo entre o valor a elas atribuído e o desprezo por quem as ocupa. Tempo sem paixões e um desprestígio nauseado da política. Há quem veja, no país, uma greve dos acontecimentos.

Por baixo da normalidade democrática, mecanismos perversos que viciam eleições, comportamentos abjetos de deputados ou questionáveis de juízes estariam minando o sentido profundo da democracia e instalando um marasmo onde se acumula a sucata dos aparelhos políticos que o populismo sustenta.

Ora, os malfeitos da Praça dos Três Poderes não são o único indicador da democracia. Einstein dizia que a teoria só encontra o que procura, o que não procura não vê. Não há que passar ao largo de onde a democracia fervilha, onde o novo fura o teto do anacrônico, mesmo se a temporalidade dessas mudanças não é a mesma dos jornais.

Há uma mudança de era de que o Brasil participa. Somos seus contemporâneos e protagonistas. Em uma mudança de era, o que resiste a ela se fossiliza, são formações reativas, agonizantes, que se tornam mais visíveis quando se debatem para sobreviver. Assim, a velha esquerda autoritária que continua mordendo as bordas do Estado, convicta de que se assegura algum poder. Ou a direita, que já era velha há meio século e acreditou que a queda do Muro de Berlim lhe dava razão, sem saber que as pedras do muro a soterravam também.

O novo custa a raiar. A simbologia a que nos habituamos nos faz reconhecer como política o que já é conhecido. Sabemos o que é um partido. O Palácio do Planalto está lá, símbolo do poder, como todos os palácios, supostamente para durar para sempre. Os canais por onde fluem, na sociedade, ação e novos poderes têm uma legitimidade inédita, que provém do que fazem e dos impactos que provocam. Para além das meias e das cuecas endinheiradas, na democracia brasileira vive uma pluralidade de atores que, por sua vez, garante a sua vitalidade.

Movimentos cidadãos investem no cotidiano das cidades, recorte político mais próximo e manejável. Uma nova cultura de participação preenche, por baixo, a política que se esvazia por cima.

Empresas brasileiras que se qualificam entre as mais modernas do mundo saíram de seu lugar único de perseguidoras de lucro e, percebendo que o sucesso depende de sua visão de futuro, abraçaram a causa do meio ambiente. Suspeito que para elas importa pouco quem ocupa o Alvorada, à condição que a estabilidade econômica seja mantida.

O campo científico trava suas próprias batalhas não apenas nos laboratórios onde produz células-tronco, mas no Supremo Tribunal Federal, ganhando o direito ao conhecimento contra o obscurantismo que o ameaçava. Quando mediremos, enfim, o peso da ciência no fortalecimento das liberdades que alimentam a democracia?

Nas ruas de grandes cidades, cidadãos afirmam a dor e a delícia de ser o que são. São milhões, carreando consigo outros milhões de simpatizantes que alargam o campo do possível. E se nos últimos trinta anos uma vanguarda feminina anunciou que seu corpo lhe pertencia, a queda dos índices de fertilidade são o dado gritante que traduz a adesão das que ficaram em silêncio.

Os artistas, primeiros a serem presos nas ditaduras, continuam criando uma cultura original que talvez por ter sido antropofágica fez-se ao mesmo tempo global e inconfundível.

De tudo isso se fala nessa conversa incontrolável e imprevisível entre gente conectada, sem censura. Quem lamenta tanta bobagem que circula na rede contabiliza as palavras perdidas nos papos de esquina da vida real?

Não, o buraco negro do que, desgostosos, chamamos de política, não suga toda a energia do país.

Aposto mais na imagem inaugural de um big bang, novos universos que criam os próprios espaços em que se vão expandindo.

São novas configurações do que chamaremos por algum tempo ainda de democracia e que talvez, em futuro próximo, encontrem um outro conceito que há de ser herdeiro do que nela é mais inegociável: a liberdade.

Verdade dos riscos e riscos da verdade

DEBRUÇADOS SOBRE OS MAPAS que hoje dormem nos museus, portugueses e espanhóis riscavam as rotas dos mares nunca dantes navegados que os trouxeram ao Novo Mundo. Esses riscos passaram para outras línguas – *risk, risque* – com a conotação que ganharam na nossa: lá onde mora o perigo. O risco é isso, uma rota desconhecida, um perigo potencial. Implícita, também, a possibilidade do inédito.

Contra ventos e marés, calmarias e supostos abismos, os descobridores correram perigos. Até hoje, quando se trata dos riscos que a ciência e a tecnologia podem trazer ao nosso cotidiano, há quem invoque o atrevimento desses navegantes, exemplo da aventura do conhecimento.

Naquele tempo, a ameaça provinha da natureza ou do mistério que tudo envolvia. Contra eles, solitária, a coragem. Os riscos que corremos hoje têm autoria humana e provêm do nosso próprio engenho e arte. O mundo contemporâneo não é apenas produtor de bens, mas também de males, manufaturados por nós mesmos, muitas vezes decorrentes da produção de bens.

A recorrência de catástrofes naturais e sua relação com os riscos ecológicos, epidemias, alimentos quimicamente contaminados, terrorismo, colapso do sistema financeiro e até mesmo a corrosão do quadro de valores, esse inventário mundial de desastres, instala o sentimento permanente de ameaça que perpassa a vida de cada um. A natureza, enfim reconhecida como fazendo parte da história humana – que não é mais que uma história humana da natureza –, deixa de ser vilã e vira vítima. Nós, em cena, no papel de aprendizes de feiticeiro.

Uma policrise está em curso em um mundo desgovernado. Esse o maior risco que, globalmente, corremos. Os instrumentos institucionais são frágeis. Vai longe o tempo heroico das declarações de independência. O mundo contemporâneo pede uma declaração de interdependência.

A fundação da Terra Pátria com que sonha Edgard Morin é lenta e tortuosa, mesmo se, aos trancos e barrancos, vai se fazendo, envolvendo não só Estados e organismos supranacionais, mas também uma rede de ações reais e interações virtuais tecida pelos cidadãos. Enquanto isso, na vida do comum dos mortais, à sensação de risco se soma o desamparo.

O psiquismo humano não suporta a convivência longa com o risco. Agravada pelo desamparo, tende a torná-lo invisível. Nossa defesa é descartá-lo pelos mecanismos da negação. Ao subestimá-lo, aumenta seu potencial agressivo. Se a minha cidade não foi devastada, que me importa o aquecimento global e a tão falada sustentabilidade que ninguém sabe ao certo o que é e nem sequer consta do dicionário?

O estigma da AIDS como uma doença que atingia os homossexuais permitiu a quem não se enquadrava no então chamado "grupo de risco" ignorar o problema. A epidemia se alastrou.

Avaliar a gravidade de um risco e as defesas possíveis implica conviver com a verdade, primeira e melhor das medidas preventivas. Os cientistas são insubstituíveis no diagnóstico do que é ou não é verdade. Sobretudo quando divergem entre si e desse debate emerge uma visão mais complexa dos problemas. Há a verdade dos riscos e os riscos da verdade. E há o medo. Se a informação não atinge a população que, em última análise, é quem age a favor ou contra os resultados que se quer atingir, perde-se uma poderosa aliada, condenada a, impotente, olhar para o céu, perguntando-se quando e aonde vai chover.

É provável que sociedades ponham governos em movimento quando, convencidas de que um risco é real e iminente, dele exijam ações consistentes. O que só ocorre quando a consciência das pessoas se transforma e as transforma em agentes de transformação. Ex-fumantes participaram da campanha mundial que proibiu o fumo em lugares públicos. Some-se à verdade a convicção.

Sobre o estado do Rio de Janeiro abateu-se uma catástrofe tão natural quanto humana. Em 1992, a cidade do Rio de Janeiro foi sede da Conferência Mundial do Meio Ambiente. Em 2012, acolherá a Rio+20. O Rio está devendo ao mundo um exemplo, uma experiência pioneira de cidade sustentável. Ela pode e deve ser construída agora, começando por responder à pergunta: como seria viver em uma cidade sustentável?

Que nossos melhores talentos – e não são poucos – nas ciências, no urbanismo, nas artes e na comunicação ponham mãos à obra. Pensando globalmente nesse mundo à deriva, mas agindo localmente na construção da cidade que ainda não existe senão em um futuro a ser inventado. Some-se à verdade e à convicção a ação. E o atrevimento herdado dos que queriam e conseguiram descobrir um mundo novo.

Indignai-vos!

Faz três anos que o conheci. Era verão na Provence e festejávamos o aniversário de um amigo. Ele lembrou seus 91 anos, serviu-me um copo de vinho, num gesto bíblico cortou o pão com as mãos e celebramos o bem-viver, a amizade e o perfume de lavanda do verão provençal.

Quis saber se eu assistira a um filme chamado *Jules e Jim* – um cult da minha juventude – e se disse filho de uma mulher extraordinária. A personagem do filme, vivida por Jeanne Moreau, era sua mãe e com ela aprendera a amar e respeitar as mulheres.

Perguntava-se, angustiado, por que os jovens não se revoltavam contra um mundo tão injusto se até os prisioneiros dos campos de concentração se revoltavam. Stéphane Hessel, ele mesmo fugitivo de um campo nazista, último sobrevivente do grupo que redigiu a Declaração Universal dos Direitos Humanos, em 2010 escreveu um pequeno livro, não mais que 13 páginas: *Indignai-vos!*

O resto da história é conhecido: milhões de exemplares vendidos, reedições em todas as línguas, escuta mundial. Acusados de não se interessar por política, enredados na internet, foram os jovens que ecoaram o apelo de um ancião que falava dos valores e esperanças que fizeram dele um resistente ao nazismo.

O eco veio das praças. Onde mais iriam esses jovens que já não se reconhecem no sistema político e que, na rede, não param de repetir esse desgosto? Não foram eles que abandonaram a política, foram os políticos que, perdendo autoridade moral, os abandonaram.

É na comparação com Hessel que David Cameron, primeiro-ministro inglês, preocupado em tirar do ar as redes sociais, parece ainda mais aturdido. Falta-lhe o sentimento do mundo que fez de Hessel, nonagenário, interlocutor da juventude. Falta-lhe a História vivida em primeira pessoa, ao pé da letra das convicções, exemplar.

Pensando que o vandalismo se combate tirando do ar as redes sociais, Cameron encarna a clássica piada do marido traído que resolve evitar o adultério tirando o sofá da sala.

A violência que incendiou a Inglaterra em 2011 não tem a mesma seiva que alimenta a onda de protestos que perpassam os continentes. Pilhando os ícones do consumo de luxo, os saqueadores ingleses subscrevem a lógica de um sistema econômico predatório, estimulador de uma competitividade selvagem, do cada um por si e todos contra todos – ninguém pelos mais fracos – que recria a selva e a seleção natural como ordem do mundo.

Como se surpreender que feras, famintas de tudo, estejam à solta nas ruas de Londres?

Os saques são o rebatimento no submundo da sociedade da *escroquerie* financeira que, por cima, inventa derivativos e saqueia a economia mundial e as economias de cada um, vangloriando-se de seu estilo agressivo.

Ninguém pensou em tirar do ar a internet quando nela circulavam os golpes de quem vive de produzir dívidas e cobrar por elas. Quando os bancos colapsam, e as falências se dão em castelos de cartas, a conta final vai para os Estados, logo para nós todos.

A crise, de fato, é esse sistema, desgovernado e impune, que já arruinou meia dúzia de países e ameaça destroçar outros tantos. A internet é só o sofá da sala.

Na contramão do quebra-quebra de Londres, no Cairo pede-se liberdade contra ditaduras corruptas; em Santiago, educação de qualidade; em Tel Aviv, mais políticas sociais e menos gastos militares; em Atenas e Madri, o direito ao futuro. Em Bombaim, o fim da corrupção.

O denominador comum é um desejo insatisfeito de justiça quando a injustiça se apresenta como a ordem natural das coisas. Condenação da hipocrisia dos que invocam leis que eles mesmos não respeitam, da democracia encenada como teatro do absurdo.

Os indignados não são uma ameaça à democracia, podem ser sua salvação. Como células-tronco, dão vida nova à política, esse tecido morto que hoje paralisa a democracia. *"No hay crisis, es que ya no te quiero"*, dizem os jovens espanhóis.

Em Brasília, a presidente da República ataca a corrupção enfrentando a chantagem da ingovernabilidade. Governar não é dividir o butim. No Senado, Cristovam Buarque, fiel a sua biografia, lança uma frente pluripartidária pela ética. Pedro Simon, octogenário, convoca a sociedade. A OAB se movimenta. A UNE se cala. Esclerosada, não se lembra mais quem é. A indignação circula nas infovias que, como sabemos, fazem esquina com as ruas. A ética como política chega ao Brasil.

Moral da história: idosos rejuvenescem, acelerando o futuro. Hessel pode dormir tranquilo. A indignação que varre o mundo ressuscita os valores que inspiraram sua vida.

Um avestruz nas areias de Angra

A PERDA DA MEMÓRIA é um dos rostos da morte. Quem habita um eterno presente, sem história e sem futuro, não percebe que seu tempo se esgotou. Como nos destinos individuais, a perda da memória coletiva pode ser o fim de uma civilização.

Por quanto tempo as imagens de pesadelo que vêm do Japão ainda sobreviverão em nós? Em 1991, Francis Fukuyama anunciou o fim da história, um capitalismo beatífico e o progresso constante. O capitalismo quase derreteu na crise financeira, a ilusão do progresso incessante foi arrastada no tsunami japonês.

Fukushima pode ser o verdadeiro fim da história se o apocalipse que lá se ensaia cair no esquecimento. A velocidade e multiplicação geométrica da informação têm o efeito perverso de reduzi-la a dejeto que mal se acomoda na memória superlotada, insistentemente solicitada por um cardápio de tragédias ou pela banalidade dos gestos cotidianos que, nas redes sociais, ganham foro de notícia. Esse mundo instantâneo tritura o acontecimento. Difícil pinçar, como fez Von Neumann, onde a história começou a tropeçar.

Metáfora macabra dos riscos que corremos, a patética imagem de um helicóptero, mosquito impertinente, derramando baldes de água – e errando a mira – sobre um reator nuclear em risco de derretimento, dá calafrios.

Pensar que duas centrais nucleares, e uma terceira em construção, são vizinhas do Rio de Janeiro assusta. Só a vocação do avestruz explica a convivência com esse monstro encalhado à beira-mar sem que a população das cercanias da usina – nós, cariocas – cobre mais informações, sem que cientistas, políticos e a empresa responsável sejam chamados a submeter a opção pela energia nuclear a um urgente debate público.

Quem ousaria, depois de Fukushima, garantir que as centrais de Angra são seguras? Mais seguras que as centrais suíças e alemãs que estão sendo desativadas? Que faríamos em caso de acidente nuclear, que, imprevisível, é possível? Começaríamos por tocar uma sirene que já foi roubada e ninguém notou? Angra 2 funciona há dez anos sem licença ambiental. As autoridades não sabiam? O que mais não sabem? O que mais não sabemos?

Transparência e precaução são grandes ausentes na cultura brasileira. A performance de bombeiros incapazes de apagar o incêndio de um prédio histórico no coração do Rio, bombeando água da piscina na falta de hidrantes – enguiçados, é claro –, não augura nada de bom em caso de desastre maior.

Angra, em caso de acidente, viraria um pandemônio. Só então, na areia, um avestruz assustado, tarde demais, desenterraria a cabeça.

De Hipócrates a hipocrisia

Planos de saúde ofereceram uma melhor remuneração, denominada "consulta bonificada", a médicos que pedissem menos exames a seus pacientes. A Associação Médica Brasileira denunciou a prática como antiética e a Agência Nacional de Saúde proibiu sua utilização. Em tempo.

Se um médico pede um exame é porque julga necessário. Não pedi-lo em troca de dinheiro seria pôr em risco a saúde do paciente. Por outro lado, se não era necessário e mesmo assim pediu, por que o fez? A quem interessava o pedido indevido?

A confiança na palavra do médico, ponte entre a vida e a morte, é a essência da relação com o paciente. É gravíssimo desmoralizá-la a troco do que em profissões menos nobres se chamaria gorjeta.

Essa relação tem uma origem sagrada. Deus tutelar da medicina, Esculápio viveu em Epidauro e foi elevado ao Olimpo por suas práticas curativas, misto de conhecimento e deferência com o sofrimento humano. À sua morte espalharam-se pelo mundo antigos templos em seu louvor, construídos por discípulos e sacerdotes aos quais acorriam peregrinos em busca de alívio para seus males. Neles havia espaço para que pernoitassem e repousassem durante a convalescença. Nasciam os hospitais e seus médicos.

Gerações mais tarde, um descendente de Esculápio, Hipócrates, abre caminho para a medicina moderna anunciando que os males não vinham dos deuses, mas da natureza, e que, descobertas as causas do mal, na própria natureza encontraríamos seu remédio. Nascia o diagnóstico. Os escritos de Hipócrates são o fundamento da ética médica.

A travessia da dor e da morte empresta à relação médico-paciente um caráter de confiança mesclada de gratidão. Transformada em prestação anônima de serviço, essa relação está adoecendo. Quem não teve, em um hospital ou posto de saúde, a experiência de ser atendido por um médico, depois controlado por outro, e mais tarde por um terceiro, desconhecido? Quem não sentiu, então, a vertigem do desamparo? Onde a intimidade que unia o paciente ao médico, autorizando a nudez do corpo e da alma fragilizados?

Mais que um serviço, o que se poderia explicar pelas necessidades do atendimento de massa, contaminada pela lógica do mercado, a medicina corre o risco de se tornar um produto.

O episódio da consulta bonificada fere a dignidade dos médicos e o direito dos pacientes. A solicitação de exames desnecessários, por sua vez, suscita interrogações sobre a medicina tecnológica. Apesar dos inestimáveis serviços que presta, sobretudo na prevenção de doenças como o câncer de mama, estaria a medicina tecnológica induzindo a um hiperconsumo de exames oferecidos por uma pletora de empresas?

Onde a verdade, onde a impostura? Não estaria o paciente sendo vítima do fogo cruzado de uma sombria batalha por lucros? Essas dúvidas só a ética médica pode dirimir.

Segundo ato, a definição mesma de doença. Antes uma sensível pane do corpo, hoje ela se define como um avesso da expectativa da saúde perfeita, horizonte marqueteiro que recua quanto mais nos aproximamos dele. A cada item dessa pauta inesgotável corresponde uma oferta terapêutica, um produto novo colocado no mercado ou um serviço que alguém se dispõe a prestar. Afinal, não é a oferta que induz a demanda?

Prospera a invenção das doenças. A criança travessa, diagnosticada como hiperativa, precisa supostamente de atendimento psicológico ou de tranquilizantes. E há quem, sem necessidade de cuidados especiais, pague a um *personal* – esse anglicismo abreviado que se incorporou ao nosso vocabulário – para simplesmente caminhar a seu lado, já que o exercício diário é necessário e, se não praticado, mandamos para nós mesmos a conta da culpa.

As farmácias assépticas que substituem nas esquinas a alegria dos bares são o depoimento urbano sobre a medicalização da vida e a ampliação do mercado da saúde. Os filósofos iluministas já desconfiavam de que esse negócio iria prosperar. Voltaire, na rubrica "doença" de seu *Dicionário filosófico*, põe na boca de um médico: "Nós curamos infalivelmente todos aqueles que se curam a si mesmos." Rousseau, no *Emílio*, é ainda mais categórico: "Impaciência, preocupação e, sobretudo, remédios mataram pessoas que a doença teria poupado e o tempo curado."

A saúde é, hoje, uma caixa-preta a ser aberta pelos médicos que honram o juramento de Hipócrates e pacientes inseguros que querem se defender das hipocrisias. Ela guarda as duas faces perversas de um mesmo negócio: a deriva da medicina de mercado e o mito da saúde perfeita. Em todos os sentidos, ambos nos custam caríssimo.

A eterna vigilância

NA MINHA INFÂNCIA, um slogan udenista – "o preço da liberdade é a eterna vigilância" – me intrigava e eu me perguntava que liberdade tinham aqueles sobre quem se debruçava a tal vigilância, que, além de tudo, era eterna. Mais tarde, em *O rei Ubu*, de Alfred Jarry, encontrei algo parecido. Um soberano que submetia seus súditos a exercícios cotidianos e obrigatórios de liberdade.

É que a liberdade é coisa fina, frágil, que vive e sobrevive da quantidade de intérpretes que falam em seu nome, contradizendo-se, à condição que ninguém os impeça de falar. Por isso me preocupa quando vejo, novamente em cena, esse gosto da vigilância, dessa vez em nome de interesses populares, aqueles mesmos que a vigilância de então temia que escapassem de controle e se transformassem na temida ditadura do proletariado.

De lá para cá, as ditaduras se decompuseram, de direita e de esquerda, abrindo caminho às democracias que procuram seus rumos, mas ainda atravessam zonas de sombra. Com o passar dos anos, os sinais se inverteram e é em nome do povo ou supostamente para defender seus interesses da sanha, por exemplo, da mídia, que volta a mania da vigilância. Está no ar uma tentação de controlar bastante incômoda, tanto mais que, democracia recente, temos o trauma dos donos da opinião. É hora de cartão amarelo.

O debate sobre a crescente influência da mídia como ator político, sobretudo em tempos de decadência dos partidos, é tópico obrigatório e saudável quando se quer entender por onde vai a democracia.

Não há nada de surpreendente no impacto das novas tecnologias, no mundo dos blogs, na formação da opinião pública. Uma revolução tecnológica desse porte não deixaria de arrastar consigo consequências políticas. Foi assim no tempo de Gutenberg, assim é hoje com a internet. Impacto terá, e forte, até mesmo sobre a grande mídia, a quem já a comunicação interativa faz concorrência. Esse fervilhar de opiniões que a internet abriga e difunde é ainda mais incompatível com a ideia de controle.

O que surpreende é, contemporânea desse momento fascinante em que emerge um novo mundo, a persistência do desejo de controlar que emana, como sempre, da matriz autoritária que, puxando as rédeas do Estado, acredita que pode fazer empacar o conjunto da sociedade. Em vão.

É próprio do pensamento autoritário estar convicto de que encarna o Bem, que fala em nome dos interesses do povo. Que sabe melhor que a sociedade o que é bom para ela. Acredita que sua missão é colocá-la nos trilhos, na boa direção, e tem certeza de que, tendo a verdade de seu lado, todos seus pecados e vícios nunca serão mais do que acidentes de percurso. Ungido por essas múltiplas qualidades, tudo passa a lhe ser permitido e devido.

O pensamento autoritário dita o que é ou não 'válido' em matéria de arte. Por exemplo, válido a ponto de merecer financiamento público é o que tem conteúdo social ou que diabo isso queira dizer. Decide qual a imprensa verdadeira e qual a tendenciosa, sendo tendenciosa exatamente a que tende em suas apreciações à crítica desse Bem encarnado. A isso responderia, por exemplo, criando órgãos de imprensa, supostamente livres, mesmo se dependentes, uma vez mais, do financiamento do Estado.

Chama a si o processo de transformação da sociedade a partir do Estado. A partir daí, são suspeitos, na sociedade, tudo e todos que criticam esse Estado. Desconhece, portanto, o fato elementar que, na democracia, é a sociedade que transforma a si mesma e que democracia existe para que essas transformações brotem de uma permanente argumentação de prós e contras que se exprimem em liberdade, nos limites da lei.

Quando transforma a si mesma, é a sociedade que interroga o Estado, questiona leis que já não dão forma à realidade, pede novas legislações, como no caso recente da lúcida decisão do Conselho Nacional de Medicina assegurando o direito à dignidade no fim da vida. Ou como no caso da afirmação dos direitos das mulheres que revolucionou o fim do século XX.

O movimento contrário, o do Estado querendo dar forma à sociedade, ditar-lhe os comportamentos politicamente corretos, controlar os dissidentes, esse é bem nosso conhecido e dele há que fugir como o diabo da cruz. Literalmente.

Preservar a democracia é admitir a multiplicidade e a natureza um tanto caótica de qualquer sociedade que se ordena a partir de uma desordem em permanente transformação que, aos poucos, vai se cristalizando em novas formas de política.

Esta é a opção que se abre para o Brasil de hoje. Ter uma antena que capta, entende e aceita o que já está aí de novo ou ir buscar em um passado perempto os cacoetes do autoritarismo.

O labirinto

UMA UNIVERSIDADE EM OKLAHOMA instituiu um seminário intitulado "Fim da mãe natural? O nascimento do bebê design". Essas coisas estranhas estão na pauta da pesquisa científica e demonstram que as fronteiras entre natureza e cultura mais do que nunca, se antes já eram tênues, estão sendo apagadas em nós mesmos. Nós, os autores do conceito de natureza humana que se confundia com a nossa própria identidade.

Somos nós mesmos o produto do nosso cérebro, o produto do nosso conhecimento, da nossa ciência, da tecnologia cada dia mais sofisticada que vai se inserir no nosso corpo humano e ditar perguntas aflitivas: um outro ser humano, um ser até que ponto humano? Perguntas com que convivemos talvez sem medir a envergadura e a gravidade da resposta.

Tudo que pode ser feito deve ser feito? São necessárias balizas, limites, fronteiras a não transpor. Quem decide? Em nome de que valores?

Quando se diz que há uma crise de valores, o que se está dizendo é que os valores antigos não respondem mais às situações presentes. O que estamos assistindo é ao nascimento de novos valores, inspirados em experiências inaugurais. A título de exemplo, quando não se conhecia o poder regenerador das células-tronco não se colocavam os debates de caráter ético que hoje cercam a sua produção.

O discurso triunfalista, a ciência pode tudo e tudo vai transformar, só teria sentido se esse triunfo fosse o dos homens sobre si mesmos, uma dobra na consciência que lhes permitisse aliar à perfeição técnica a responsabilidade moral.

O tema não é novo. Em 1948, Norbert Wiener lançou um livro sobre cibernética onde dizia: "Tenho a plena consciência de que estou inaugurando uma ciência que pode ser para o bem ou para o mal. Essa ciência não voltará atrás porque o conhecimento, quando se revela, não pode mais ser negado." O conhecimento sempre virá à superfície mesmo que haja censura, que haja inquisição. Wiener, perguntando-se o que fazer com essa ciência nova, promissora e desafiadora que estava criando, respondia: "Não abandoná-la, não deixá-la escapar de nossas mãos porque isso será imediatamente apropriado pelos mais venais e mais mortíferos."

Os conhecimentos estão aí, são constitutivos do mundo contemporâneo.

Em questão estão o nascimento, a reprodução, a família, a sexualidade, o envelhecimento e a morte. As sociedades contemporâneas não têm outro caminho senão pensar, formar sua opinião e decidir sobre os desafios que a ciência está colocando.

Se uma biopolítica se impõe, sua formulação é tanto mais complexa quanto o desprestígio da política é evidente e mundial. Felizmente, esta política que se esvazia por cima, a dos partidos políticos, se preenche por baixo, nos espaços de discussão, espaços de formação de opinião e tomadas de decisão que vão surgindo e que são figuras novas da política, não ainda reconhecidas e tratadas como tal. São espaços livres onde a sociedade está fazendo suas escolhas. Quem tomará as decisões? Minha resposta é, em uma sociedade aberta e democrática, todos.

Assim, as sociedades vão se gerando a si mesmas, são a barriga de si mesmas. As decisões que elas tomam não se dão apenas nos canais tradicionais, se dão em uma multiplicidade de canais. O pensamento se elabora em uma multiplicidade de espaços e são essas redes, essas correntes de pensamento que vão provocando a transformação na cultura, que, por sua vez, vai incidir na transformação da natureza, que, por sua vez, vai incidir na transformação da cultura, e assim por diante.

Contrariamente aos que pensam que este é um mundo a ser governado pela ciência, estamos diariamente respondendo a essas questões em nossa vida, com as vidas que vivemos, mesmo se não nos damos conta da importância coletiva de nossos gestos.

Todos somos confrontados a situações delicadas ao longo de nossa existência que enfrentamos em nossos círculos de confiança. O modo de funcionamento da sociedade contemporânea é cada vez mais este. E é nesses processos de tomada de decisão que uma ética aflora. A ética é o resultado dessa negociação, o encontro desses pontos de vista. Ela não está em nenhum lugar de onde se possa trazê-la sob a forma de tábuas da lei.

O cosmólogo Luiz Alberto Oliveira vai buscar em Jorge Luis Borges a imagem do labirinto para explicitar os futuros indeterminados ou, em outras palavras, as múltiplas possibilidades do real. "Irremediáveis descendentes de Dédalo, costumamos conceber um labirinto como uma armadilha espacial: uma estrada que não leva a lugar algum." E o cosmólogo nos explica que para o escritor não é assim. Invoca o "Jardim dos caminhos que se bifurcam", onde Borges nos demonstra que a unidade elementar de um labirinto é a encruzilhada.

E Luiz Alberto continua sua viagem pelo labirinto perguntando: "O que sucede numa encruzilhada: temos a estrada, estabelecida, necessária; surge a bifurcação: qual dos dois caminhos o viajante vai seguir? Quais ramificações de bifurcações posteriores poderão vir a ser percorridas, quais futuros serão atualizados? A encruzilhada está ali, está dada, mas a escolha é imprevisível, imponderável, dela só podemos dizer sua chance. Cada vez que em uma encruzilhada um caminho é seguido, o dado do acaso rola sobre a mesa da necessidade."

Tomo emprestada a Luiz Alberto Oliveira a metáfora do labirinto. O labirinto é encruzilhada e a partir da qual o caminho que for escolhido pode levar a um beco sem saída ou a novos caminhos. Cientistas e poetas têm um namoro antigo. Talvez porque, de certa maneira, façam a mesma coisa. Ao longo de toda sua história, a ciência vem inventando a natureza, modificando-a. Impossível pensar a natureza como uma coisa e a cultura como outra.

A história humana é uma história humana da natureza, tudo que foi feito desde a pedra polida até hoje é uma história de intervenção humana na natureza. O diferencial da contemporaneidade é que, pela primeira vez, os artefatos não são apenas um prolongamento do corpo que aumentam o movimento, a visão ou a força física. A tecnologia sempre foi um movimento gigantesco de conhecimento para ampliar as capacidades humanas. Os artefatos podem ser, no limite, seres à nossa imagem e semelhança.

A ciência não é diferente da arte, os artistas não são os únicos que inventam a natureza. Essa construção artística implica o debate permanente na sociedade onde se define como esta arte vai se exercer sem que se torne letal.

Fim de festa

Há os que, como eu, amam Florença não apenas pelas nuances do ocre onipresente, pelas sucessivas pontes espelhadas no Arno, mas porque ali o encontro virtuoso do dinheiro, do poder, da ciência e da arte produziu um salto civilizatório. Quando se cruzam os mesmos fatores de maneira viciada, o que se produz, ao contrário do Renascimento, é o Desastre. O que nos remete ao Ocidente nos dias de hoje.

Agoniza a social-democracia, o que de mais civilizado se produziu até então como sociedade, vítima não de seus defeitos, mas de seus méritos. Tornou-se cara, insustentável, em um mundo falido pelas falcatruas do sistema financeiro cujos efeitos, quanto mais o tempo passa, mais se mostram devastadores. Essa máquina de produzir papéis podres, que continua em marcha, desgovernada, incorrigível e impune, vai deixando pelo caminho o cadáver político de homens de poder dignos, como George Papandreu, triturado pela crise da Grécia.

Na certa tudo teria sido mais difícil, senão impossível, em sua dimensão global, não fosse a internet, joia tecnológica da ciência cibernética que nos fez contemporâneos de uma quebra de paradigma do porte do que propôs Galileu. Ela, que nos propicia tantos encontros felizes, foi também a via dos rápidos descaminhos do dinheiro. Desastre.

No cenário das megalópoles, o multiculturalismo encena a comédia de erros da imigração. A prosperidade, como um ímã, atraiu o fluxo migratório hoje cristalizado em guetos sentidos como indesejáveis. Não há urbanismo ou arquitetura, as grandes artes desse começo de século, que consiga absorver as amarguras dos que se sabem diferentes nem a irritação dos que querem se conservar os mesmos. Conflitos por vezes milenares se instalam numa simples vizinhança, conflitos que um véu desvela. As cidades se fizeram problema, não mais solução, nem autodefesa, como foram na origem, mas terreno minado, invadido por dentro por um suposto inimigo que usa um mesmo passaporte.

Onde fica o poder dos Estados e suas economias enfraquecidas, chamadas a pagar a conta da farra da rapaziada do mercado financeiro? Governos medíocres sentindo, na geografia tornada virtual pela globalização, esvaziar-se seu papel histórico. É como se a própria política fosse aos poucos perdendo consistência, as luzes se apagando, um grande show que chega ao fim. O palhaço Berlusconi tropeça. *La commedia è finita*. Pobre Itália, que injustiça, ela que tinha Florença em sua herança genética.

A crise europeia deixa uma sensação de incredulidade em quem nela viveu *les trentes glorieuses*, esses anos de glória, de conforto e abundância que pareciam anunciar um futuro cada vez melhor, com mais liberdades e inovação. A ideia de que o extraordinário projeto da União Europeia possa precipitar-se em um abismo, engolido pela areia movediça da História, é confrangedora. É difícil imaginar que a Europa esteja caminhando irreversivelmente para a decadência, levando consigo o que de melhor se produziu como pensamento, como cultura e como democracia.

O eixo do mundo mudou. Não vale a pena correr o risco de falar da China, o que seria uma temeridade. A China, para nós ocidentais, por muitos anos ainda será um mistério insondável. Às vezes penso que ela é um mistério para os próprios chineses. Mas há a surpresa do Brasil, que nos interessa, frente a qual os próprios brasileiros oscilam entre a desconfiança e a nossa eterna euforia, nosso contar vantagem, basófias do "nunca antes nesse país".

Mas é fato que nunca antes nesse país houve tantas evidências de que estamos saindo do buraco, e não é pouco dizer que somos a quinta economia do mundo. O Brasil é um continente em construção e talvez lhe caiba nos anos ou séculos futuros o papel de apontar caminhos, de modelo para a renovação da cultura global.

Afinal nossa cultura multitudo tem particularidades que nos posicionam bem para essa aventura. Multiétnico por formação, tolerante com as religiões, esse povo novo talvez tenha algo a dizer a partir de agora, quando conflitos étnicos, culturais e religiosos insistem em ensanguentar o mundo. Resta-nos ainda um longo caminho de aperfeiçoamento da democracia, de liquidação da corrupção, antes que possamos de fato acreditar que poderemos nos tornar uma referência para o resto do mundo.

Assim como é difícil acreditar na decadência da Europa, é difícil acreditar na emergência do Brasil. Otimista incurável, prefiro acreditar que se enganam os que já enterram a Europa e acertam os que apostam no futuro do Brasil.

Uma escola sem receita

O ALUNO QUE INSERIU na prova de redação a receita do miojo deixou um recado claro: a receita de escola desandou.

No passado, a escola era um espaço físico, dedicado à aquisição de conhecimentos certificáveis, que só os professores detinham. O professor era um profissional supostamente capaz de saber o que e como ensinar. Os ritmos escolares balizavam o tempo desse aprendizado que se sucedia ao longo de anos. Todas essas premissas estão postas em questão.

Enquanto a escola pública tenta compensar suas imensas deficiências construindo prédios, aumentando matrículas e o número de professores em sala de aula, condição *sine qua non* de qualquer progresso, o que se passa dentro dos muros da escola entre alunos e professores é desolador. O episódio da receita do miojo, temperada com pitadas de deboche e altas doses de descrença, é testemunha desse descalabro.

Uma mudança deu lugar a um abismo geracional que separa professores e alunos, minando as relações de admiração e respeito que, no passado, estimulavam o desejo de aprender. Os professores estão hoje a cavaleiro entre dois tempos; um passado em que conteúdos eram transmitidos de uma forma que hoje chamaríamos tradicional; um presente em que os alunos, digitais nativos, habitam, fascinados, o espaço virtual como vida real e são habilíssimos em tecnologias que os professores mal dominam.

Quando todos os alunos frequentarem as aulas, quando houver professores suficientes, recebendo um salário decente, ainda restará a incômoda questão do que lhes ensinar. Um livro de respeitáveis pesquisadores franceses ostenta o título inquietante: *Ainda é preciso aprender?*

A virtualidade é o meio ambiente de uma juventude portadora dessas próteses cerebrais que são os celulares, prolongamentos de seus corpos, onde trazem armazenada – Google dispensando o trabalho da memória – toda a informação do mundo. Fotografam tudo que se passa como que deixando provas tangíveis do que é vivido em tempo real, marcando o instante, sem apelo à abstração da memória, seus caprichos e brumas. Como tudo é registrado sem esforço, é o próprio esforço que se torna um comportamento raro e desvalorizado, o que representa um perigoso efeito colateral. Entre alunos e professores há distância e estranhamento. Por vezes, agressividade.

A pletora de informações que cada um acessa quando tira o celular do bolso não implica que os jovens tenham a mínima ideia do que fazer com elas ou, pior, que saibam a diferença entre informação e conhecimento. A aquisição de conhecimento depende do desenvolvimento de aptidões mentais e do domínio dos códigos culturais que permitem navegar com alguma coerência em um oceano de informações desgarradas. As informações disponíveis na internet são um tesouro literalmente incomensurável. Problemática é a exígua capacidade de processá-las e lhes dar algum sentido.

Assim como a palavra ganha seu sentido no texto e o texto ganha sentido em um contexto, a informação pede para se inserir em um patrimônio cultural que caberia à escola transmitir. A contextualização é condição da função cognitiva ao mesmo título que a consciência de ter aprendido, tão cara ao grande Jean Piaget.

É a transmissão do patrimônio cultural e de valores que dão à juventude o sentido de pertencimento à aventura humana e estabelecem os vínculos de continuidade entre as gerações que se sucedem. Tarefa essencial em tempos moldados e irrigados pela tecnologia que permite a cada um construir um mundo próprio – o que pode ser uma rica experiência se conectada a um pertencimento mais amplo –, mas pode ser também o deslizamento para uma forma velada de antissociedade, um aglomerado de indivíduos autorreferentes cuja comunicação não passa por uma experiência ou memória comum e se tece apenas com os laços esgarçáveis da banalidade.

O desafio da educação é a formação de indivíduos aptos a pensar pela própria cabeça, capazes de transformar informações em conhecimentos, abertos à inovação e experimentação, afeitos à argumentação e escolha. O que Edgar Morin chama "uma cabeça bem-feita".

A vida em tempos de internet exige da escola uma metadisciplina, o aprender a aprender. Quem serão os professores dessa escola aberta ao desconhecido, sob forma de pesquisa, e ao inesperado, sob forma de criação?

Não há receita pronta de escola, e sim ingredientes a combinar: a aquisição de conteúdos específicos com o aprendizado de competências transversais que permitam aos jovens dar sentido a si mesmos e a um mundo em que terão vida longa, e as certezas, curta vida.

Estranha forma de vida

Os tempos que correm, correm para onde? Pergunta que não cala quando se instala a contradição entre os instrumentos do bem-estar e o real bem-estar, minando a qualidade de vida de todos. Os engarrafamentos que paralisam a cidade e que pioram a cada dia são o sintoma mais visível desse paradoxo. Quem sonhou ter um carro anda hoje no Rio de Janeiro na velocidade de um lombo de burro. Porque todos querem rapidez, ninguém se mexe.

Nos aeroportos brasileiros, com o corre-corre, atrasos e voos anulados, o estresse que daí resulta diminui substancialmente as vantagens da viagem de avião. Os ônibus estão ganhando a corrida com a ponte aérea, a tartaruga ultrapassando a lebre.

No plano da psicologia individual, a corrida contra o tempo é o *leitmotiv* da vida urbana. Dorme-se pouco, come-se rápido, fazem-se várias coisas ao mesmo tempo – cozinhando, vê-se televisão e fala-se no celular –, estratégia batizada de multitarefas. O sociólogo alemão Helmut Rosa, apoiado em estatísticas, constata que a depressão tornou-se uma doença urbana globalmente epidêmica. Na origem, a fome de tempo.

A obviedade, constantemente repetida, de que as novas tecnologias aceleram o ritmo do cotidiano encobre o fato de que elas nascem de um fascínio pela rapidez que sempre fez parte das ambições humanas. O e-mail, sublime invenção, tornaria a comunicação mais rápida se o volume da correspondência se mantivesse estável. Porque mais rápida, cresceu exponencialmente.

A web, contrariamente ao esperado, fez-se devoradora de tempo. Quanto mais esse fascínio pela rapidez é satisfeito, mais nos aproximamos de seu limite fatal, o esgotamento das 24 horas do dia, não só em sua dimensão de tempo em que se acotovelam atividades desejadas e tarefas a cumprir, como também em sua dimensão de esgotamento psicológico, a capacidade humana de absorver e processar informação.

A internet propicia a presença simultânea em uma infinidade de universos, uma vivência múltipla e sem continuidade. Se por um lado isso abre horizontes, informa e diverte, por outro provoca uma indigestão mental ou, no caso extremo de viciados na rede, leva à overdose. Para esses, já está à venda um aplicativo que bloqueia o uso da rede depois de um tempo determinado.

Ver no telejornal as imagens de um show de rock enquanto corre embaixo da tela uma legenda noticiando a descoberta de centenas de corpos mutilados na Síria exige uma inusitada negociação de sentimentos. Instala-se uma não discriminação que tudo aplaina.

Canais de informação dividem suas telas em quatro para multiplicar a possibilidade de imagens e dados. Assim esperam acompanhar a performance das bolsas cuja unidade de tempo de operação é inferior a um segundo. Esse exemplo flagra a força do princípio da competição, pano de fundo da aceleração. Esse princípio que inspira a economia se alastra pelo conjunto da vida: a luta pelos empregos, pelos bens de consumo, pela posição social. Como o competidor não dorme, para ser competitivo há que ser insone. Como na prova de esforço, corre-se cada vez mais para não sair do lugar. Quem não aguenta o ritmo, enfarta.

Não se trata de demonizar a tecnologia que, indiferente, serve ao que as sociedades definem como necessidades. São instrumentos adaptados ao desejo de aceleração que todos, aprendizes de feiticeiro, imprimimos ao cotidiano.

Engarrafamentos de pesadelo, acampamentos nos aeroportos, depressões epidêmicas são sintomas de uma mesma disfunção, do esgotamento de um modo de vida a ser repensado, com a cabeça no futuro, sem saudosismos.

A título de exemplo, as horas de ponta do trânsito existem porque todos entram e saem do trabalho às mesmas horas, estendendo a todo e qualquer trabalho a lógica da fábrica. E se em vez de apenas alargar ruas – solução espacial – se pensasse o espaçamento dos horários de expediente – solução temporal? Essa ideia inovadora que age não sobre o engarrafamento, mas sobre os tempos da cidade foi testada com sucesso em Milão, envolvendo empresas, escolas e prefeitura em uma solução de custo zero, fora do marco de referência do urbanismo convencional.

Quando um sistema entra em colapso, duas atitudes são recomendáveis: passar recibo de que se trata de um colapso e buscar soluções fora de sua lógica. Nenhum sistema se regenera usando os mesmos recursos e soluções que o fizeram degenerar. O que está em questão não é tanto este ou aquele aspecto da aceleração que afeta nossas vidas, e sim a lógica dessa estranha forma de vida. Em tela de juízo, a lógica do sempre mais e mais rápido.

O beijo da morte

Ponte Vecchio, tesouro arquitetônico e coração turístico de Florença. A multidão ignora a deslumbrante perspectiva das pontes que se sucedem e se refletem no espelho do rio Arno. Os olhos se voltam para grosseiras imitações de marcas famosas que imigrantes africanos, com os olhos assustados e gestos nervosos dos sem documentos, espalham pelo chão.

Um quarteirão adiante, a sede mundial de um dos ícones da moda, instalada em um palácio renascentista, garante a autenticidade de sua marca, símbolo de elegância e nobreza. O palácio é frequentado por poucos. A ponte é um formigueiro humano. Verdadeira ou falsa, todos usam a mesma marca.

A publicidade associa uma bolsa a um estilo de vida como se dentro dela viesse a felicidade e o refinamento. Quem não tem acesso ao produto verdadeiro compra na calçada, ao preço do camelô, a ilusão de uma vida que não tem e não terá, mas encena como real. Assim é se lhe parece.

Uma celebridade vende a peso de ouro sua imagem para associar seu nome a uma determinada marca. Marcas famosas não precisam produzir beleza ou qualidade. O que elas produzem passa a ser o padrão de beleza e qualidade. Seu valor é simbólico, muito mais do que real. Símbolos cobiçados mesmo sabendo tratar-se de uma contrafação. Mas um dia o feitiço se volta contra o feiticeiro.

Anders Breivik, assassino de jovens na Noruega, sinistra celebridade pela carnificina que provocou, ostenta orgulhoso as camisas de renomada marca. No manifesto psicótico que lançou na rede, sugere que gente refinada como ele deveria vestir-se assim. Sem arrependimentos, apresenta-se como padrão de elegância. A tentativa da empresa dona da marca de impedi-lo de vestir sua camisa fracassou. Na Noruega, o tratamento dado aos presos, por mais repugnante que tenha sido o crime, é respeitoso. Desastrosa reversão de expectativas, uma antipropaganda de alcance mundial.

Os promotores de marcas famosas sabem – e é a chave do seu sucesso – que as necessidades têm limites, mas os desejos não. Não previram que assassinos, corruptos, mafiosos, cada vez mais numerosos e milionários, se enfeitariam com suas grifes na tentativa de ascender a uma suposta elite. Agora a publicidade terá que rever suas estratégias e proteger as marcas desvinculando-as de rostos – que ninguém sabe o que farão –, renunciando à sua vocação de vendedora de sonhos e aproximando-se do mundo real, terreno mais seguro e convincente.

No mundo regido pelo deus dinheiro, protetor dos mafiosos e corruptos que, no Brasil, proliferam como cogumelos, quem pode impedir um ladravaz eleito para o Congresso Nacional de posar com seu relógio símbolo de luxo, comprado com o dinheiro público? A ostentação cínica, primeira preocupação dos recém-chegados aos privilégios da fortuna, provoca a justificada ira dos que, trabalhando honestamente, têm sua carteira batida em impostos malversados. Ira não só contra ele, ou ela, ladravaz, mas também contra o malfadado relógio que, de objeto refinado, é rebaixado ao mundo dos cafajestes. Anos atrás um presidente malquisto desmoralizou o renome de uma gravata.

A náusea que a população sente frente à corrupção é tal que seus agentes estão se tornando Midas ao contrário: o que tocam vira lama. São párias com quem ninguém quer se parecer. Cada dia fica mais clara a relação direta entre os desastres da sociedade brasileira e a criminalidade que sustenta os luxos e fantasias de funcionários públicos e políticos desonestos.

Afinal, se não atiraram à queima-roupa em oitenta adolescentes, na certa roubam o futuro de milhares de meninos pobres e negros que dão corpo e rosto às estatísticas de mortos na juventude. O secretário de Segurança José Mariano Beltrame, artífice da política de pacificação das favelas, disse que seu sonho para as UPPs é oportunidade para os jovens. Sabe que aí reside o problema que a polícia, por si, não resolverá nunca.

A ética está se tornando um clamor público. Escolhendo a companhia de causas nobres e contemporâneas, também as empresas redefinem a relação com suas marcas. É o caso das que se empenham em criar nas áreas pacificadas as oportunidades que Beltrame reclama. Outras incorporam o valor da sustentabilidade como referência no presente e anúncio do futuro.

Amadurece, enfim, a consciência de que o envolvimento com a corrupção que turva as relações entre Estado e mundo empresarial pode destruir a marca de uma empresa. Esse reconhecimento de que a corrupção é um beijo da morte vale também para os políticos. A sociedade compra cada vez menos propaganda, o que vale é a verdade.

UMA RENDA TÃO FINA

Fim da impunidade

UM ASSASSINO À SOLTA graças às artimanhas de advogados bem pagos enquanto, no inferno das prisões, ardem o corpo e a alma de criminosos menos afortunados ou influentes é o bastante para desmoralizar qualquer sistema judiciário. No livro *O processo*, de Kafka, o cidadão Joseph K é condenado por um crime que desconhece. Justiça kafkiana, Pimenta Neves continuava solto, após um crime que confessou.

Durante os 11 anos de liberdade, após sua condenação, a permanência na prisão de outros criminosos, se não ilegal, era certamente injusta. E, no mínimo, inexplicável a uma opinião política já para lá de descrente da Justiça.

Coincide a determinação de sua prisão pelo Supremo Tribunal Federal com a ruidosa inculpação do presidente do FMI por tentativa de estupro contra uma camareira na suíte do hotel Sofitel de Nova York. Uma semana depois, 1 milhão de dólares de fiança e mais 5 milhões de garantia contra a fuga tiraram da cadeia e levaram Dominique Strauss-Kahn à prisão domiciliar, com uma tornozeleira magnética e uma vigilância privada, paga às suas próprias custas.

A imprensa francesa não deixou de apiedar-se da sorte de um homem que passou do luxo do hotel Sofitel a um apartamento de classe média, na Broadway, exposto à execração midiática. Quase nada se disse sobre os invisíveis que ficaram atrás das grades porque não dispunham das centenas de milhares de dólares mensais, custo aproximado da defesa de DSK. É a vida da Justiça e a injustiça da vida.

Quando do crime de Pimenta Neves, como agora no caso DSK, os refletores iluminaram a tragédia do homem todo-poderoso que põe a vida a perder. No episódio brasileiro, Sandra Gomide, que perdeu a vida com duas balas nas costas, ficou fora de foco. Já a promotoria de Nova York descreveu em detalhes, apoiada em indícios e testemunhos, uma africana apavorada, trêmula, escondida atrás de um armário, vomitando e balbuciando que tinha sido violada pelo cliente da suíte 2.806, que ela não sabia sequer quem era.

Nafissatou Diallo, africana, muçulmana, viúva e mãe de uma filha de 15 anos, que cria sozinha, vai ter seu passado devassado pela defesa de DSK. Detetives privados já partiram para sua aldeia na Guiné Conacri para tentar descobrir qualquer coisa que a desabone e desacredite sua palavra.

A arrogância do poder tem o poder de cegar. Pimenta e DSK têm em comum a cegueira que não lhes permite entender que os tempos são outros, que já não se viola e mata uma mulher impunemente. Nem um nem outro são desinformados. Um dirigiu o mais tradicional jornal de São Paulo nos anos combativos do feminismo brasileiro. O outro se preparava para lançar sua candidatura à presidência da França pelo Partido Socialista, que, há mais de quarenta anos, se bate pela dignidade das francesas.

Ambos foram expostos às crises de sociedades que, muito claramente, separaram o direito de sentir ciúme do direito de matar por ciúme, o direito ao desejo sexual do direito de, pela força, obrigar alguém a uma relação sexual. O que é crime está bem definido e essas definições desautorizam a lei não escrita que legitimou, por tanto tempo, ora a defesa da honra, ora a banalização da agressão sexual, como prova de virilidade.

Comentando o caso Strauss-Kahn, o ex-ministro da Cultura Jacques Lang deu de ombros: "Afinal, não morreu ninguém." Jean-François Kahn, ex-diretor da revista de esquerda *Marianne*, alegou que não se tratava de um caso de estupro, mas de um "simples *troussage de domestique*". Quem leu Émile Zola conhece a expressão que, no sentido literal, quer dizer amarrar um frango antes de colocá-lo no forno para assar. No sentido figurado, é o que ainda hoje pode acontecer, mundo afora, com domésticas ou camareiras.

Os valores mudaram dos tempos de Zola até hoje. Não há mais lugar para a cumplicidade, ainda que surda ou irônica, com a brutalidade. A desqualificação das mulheres como coisas, no entanto, conservou-se intacta no espírito de certos homens. Pior para eles.

A prisão de Pimenta, mesmo tardia, é um alerta para quem insiste em exercer um poder caduco. A inculpação de Strauss-Kahn dá-se em um país em que, há muito tempo, o estupro deixou de ser confundido com sedução. O próprio presidente Sarkozy o tinha alertado que tivesse cuidado: "Nos Estados Unidos essas coisas são levadas a sério e você sabe muito bem do que estou falando." Tudo leva a crer que essa lição ele terá aprendido tarde demais.

Para além das tragédias pessoais, outra lição: a Justiça, que nada tem de cega e está longe de ser igual para todos, reflete como um espelho os precários equilíbrios da sociedade, mas, na sua desequilibrada balança, o poder das mulheres está pesando cada vez mais.

Uma renda tão fina

Teerã, 2010. O governo iraniano executará Sakinet? Só a um criminoso sanguinário ou a um louco ocorreria apedrejar uma pessoa até a morte. Linchamentos são manifestações da fera ancestral que escapa à domesticação que o mundo civilizado impõe. Uma criança é repreendida duramente se joga uma pedra em um cachorro. Aprende cedo que esse ato revela crueldade. Há uma herança da civilização a ser preservada.

A interminável controvérsia sobre o relativismo cultural absolve o costume de mutilar o sexo das mulheres, desfigurá-las, embrulhá-las, em vida, dos pés à cabeça em mortalhas. Um crime repugnante é explicado como escolha de sociedade, uma entre outras, nem melhor nem pior, apenas diferente. A indignação seria fruto da cultura ocidental, que se pretende melhor que as outras.

Na vida das iranianas, a teoria do relativismo cultural se encarna em uma sequência de brutalidades que desembocam – quando o corpo se revolta – no apedrejamento. Essa prática tem suas raízes no deserto da Arábia do século VII. Explicá-la ao mundo globalizado do século XXI com o argumento cultural é acintoso.

Na história brasileira, já houve antropófagos. Substituímos a antropofagia real pela metafórica. Comemos de todas as culturas e mudamos o menu. Se as culturas fossem intocáveis, estaríamos até hoje devorando os descendentes do bispo Sardinha.

O presidente Lula disse que não se deve "avacalhar" as leis de outros países. Durante o regime militar, a comunidade internacional interveio condenando a prática da tortura que se intitulava interrogatório. Essa "avacalhação" salvou vidas e apressou o fim da ditadura no Brasil.

Regimes fundamentalistas torturam as mulheres. Sua liberdade sexual, chamada de pecado, vira crime político. Atacadas em sua integridade física, moralmente coagidas, politicamente condenadas à morte, nada mais justo que se beneficiassem do direito de asilo.

A maneira canhestra como o asilo foi oferecido pelo presidente Lula não convenceu o companheiro Ahmadinejad. Ainda que com infinitas cautelas, o governo insistiu. Essa insistência poderá ser decisiva para salvar Sakinet. O que está em jogo aos olhos de uma opinião pública indignada não é só o regime iraniano. É também a atitude do governo brasileiro. Que lugar tem a defesa de direitos humanos neste governo em que alguns de seus membros mais influentes sofreram na carne a violência da repressão? Lavarão as mãos?

Aí reside a questão de fundo que o caso Sakinet ilustra: a dignidade das mulheres e o valor de uma vida humana, cuja defesa é jogada na conta da ingenuidade ou bom-mocismo *versus realpolitik*. O que é real, o que é política? Que importância tem uma mulher lapidada frente à razão de Estado? Prevalecendo esse suposto "realismo", nos alinharíamos com a barbárie.

No fim do século passado, em Viena, a Conferência Mundial sobre Direitos Humanos da ONU, após ásperas controvérsias, concluiu: direitos das mulheres são direitos humanos. Quanta generosidade! O pleonasmo ilustra a resistência a aceitá-las como parte da humanidade.

Era um tempo de esperanças, quando conferências globais ensaiavam uma gestão planetária capaz de traduzir o então surpreendente fenômeno da globalização em consensos – difíceis, mas essenciais – negociando um ponto de vista da humanidade.

Os direitos humanos, valores aceitos e respeitados por todos, acima das diferenças culturais, definiam nossa comum humanidade, tecida por delicados acordos, como os fios de uma renda, frágeis, mas que sustentam um tecido. Interrompida essa construção pela brutalidade do 11 de setembro e a truculenta resposta americana, com seu cortejo de Abu Ghraibs e Guantanamos, mergulhamos no simplista e regressivo choque de civilizações.

Há maneiras de enfrentá-lo: uma, estéril e perigosa, é silenciar sobre o que para nós é aberrante, chamando a isso tolerância. Outra, fértil, é abrir um campo argumentativo, onde chamamos de crime o que para nós é criminoso e lutamos para que seja internacionalmente condenado como tal.

Esses tempos de agonia, esperando o desfecho de tamanha covardia, reavivam o medo inscrito no destino de quem é mulher e, insone, se coloca na pele daquela que não sabe se viverá. Dura lição: a civilização é essa renda fina que com facilidade se rompe e vira pano de chão.

A cultura iraniana é também Shirin Ebadi, Prêmio Nobel da Paz, que desafia o obscurantismo. Quem, mundo afora, se insurge contra a execução de Sakinet sabe que, com ela, quem estaria sendo apedrejada é a própria Civilização. Uma renda tão fina...

Afinal, o que é o feminino?

Aconteceu durante uma aula sobre a tragédia de Antígona, jovem princesa, filha selvagem e rebelde do rei Édipo, ou melhor, de Sófocles, que a inventou e abandonou descalça numa planície de Tebas para cometer o crime político de desafiar a lei dos homens. Enterrou o irmão, contrariando o édito que lhe recusava sepultura. Pagou com a própria vida. "Ela encarna a quintessência do feminino", dizia eu quando, na primeira fila, do alto de suas sandálias de oncinha, uma aluna de olhos brilhantes e cenho franzido me perguntou em um tom entre angustiado e provocativo: "Mas afinal o que é o feminino?"

Ela não sabe. É filha de um tempo em que as cartas marcadas do que é ser homem e ser mulher se embaralharam. Sabe de si, que compete como uma fera na empresa em que trabalha, escolhe com quem dorme e se e quando vai ter filhos. Essa caçadora, que traz para casa alimento e agasalho, vai ao cabeleireiro, faz as unhas, volteja nos shoppings, sonha com uma lipoescultura e, por razões obscuras, vem, exausta, depois de um dia de batalha, seguir um curso sobre o feminino.

Como se não bastasse a sua própria vida, olha em volta e vê homens vaidosíssimos, que compram cosméticos e fazem plástica, vê pais arrastando os filhos para a escola e até maridos que adoram cozinhar, contanto que seja por arte, e não por obrigação. Gays, lá fora, adotam filhos e, aqui, desfilam aos milhões reclamando os direitos da união civil.

Por tudo isso e pelas tais razões obscuras, posta-se ali, diante de mim, à procura de uma resposta. E o que me interessa é o obscuro dessas razões.

Nada de novo em constatar que o feminino não é mais o que era antes. Foram-se as leis e os costumes que serviam de baliza e estreitavam o espaço de um destino. As mulheres tiveram não só o mérito de se liberar e, assim, liberaram também os homens dos ônus do masculino, mas isso é outra história que eles custam a reconhecer e menos ainda a agradecer. Questão de tempo...

O que aflige é a sensação de chão fugindo embaixo dos pés, que, fatalmente, acompanha a liberdade. Tão decantada, ninguém chama a atenção para o trabalho que dá ser livre, inventar-se a cada dia sem que ninguém lhe diga o que é certo ou errado, nem jogue sobre você o manto protetor da aprovação. Não, cada uma de nós, e cada um deles, porque o masculino também padece de indefinição, está hoje à procura de si mesmo. Todos incumbidos da difícil tarefa de escrever o seu destino como uma autobiografia.

Voltando às razões obscuras, acho que minha jovem aluna, apesar da vida que leva e das vantagens que tem, que reconhecemos todas e pelas quais lutamos, traz consigo uma vaga nostalgia parecida com a dos imigrantes que ouvem um dia, ao longe, uma canção da terra natal que escolheram abandonar, mas que os habita ainda sob forma de reminiscência, um sentimento obscuro de pertencimento.

São ecos de um mundo privado, uma cultura feminina que é tecida no espaço da intimidade, na centralidade dos afetos e que esbarra frequentemente na impiedade do mercado, na brutalidade da vida pública. Cultura que deixou saudades, malvista, maldita mesmo, por seus traços às vezes incompatíveis com um mundo impessoal e submisso às regras da produtividade.

Fica nas mulheres uma pontinha de mágoa de habitar um mundo que apesar de tão mudado ainda é, e será por muito tempo, o mundo dos homens para onde migraram por sua própria escolha, onde o choque cultural ainda lhes é bastante desfavorável.

Não respondi à questão de minha aluna. Pela boa razão que ser mulher, lembrei-lhe, não obedece a qualquer receita. É uma criação cotidiana, cada uma de nós é sua própria obra quando pratica a arte de não renunciar a essa cultura e de lhe dar voz, por quaisquer meios. É aí que emerge o feminino, onde menos se espera, sempre que uma mulher – ou um homem – preserve, na vida cotidiana, essa cultura de vínculos. Sempre que alguém como ela ainda se pergunte, angustiada, o que é o feminino.

Três meninas e uma sentença

Juízes do Superior Tribunal de Justiça absolveram do crime de estupro um homem que teve relações sexuais com três meninas de 12 anos. O tribunal alegou que elas não eram "ingênuas, inocentes, inconscientes a respeito de sexo". As meninas se prostituíam, *ergo*, a atitude do réu, "imoral e reprovável", não configurava esse crime.

A nota do STJ, defendendo-se da enxurrada de críticas suscitadas pela decisão, informa que o tribunal permitiu ao acusado produzir provas – dada a absolvição, devem ter sido consideradas convincentes – de que o ato sexual se deu com o consentimento do que a nota chama de "suposta vítima".

A sociedade brasileira, estarrecida com a sentença, tem o dever de se perguntar que valores informaram essa interpretação jurídica e o direito de julgá-la severamente. Crianças de 12 anos que, abandonadas por quem lhes deveria acolher e educar, família e estado, entregues à violência das ruas, se prostituem são objeto de um desprezo ancestral que dois mil anos de compaixão cristã não conseguiram apagar. Ainda há quem atire a primeira pedra.

Quando uma decisão ofende a sociedade, a pedra, como um bumerangue, volta. O Alto-Comissariado da ONU para os Direitos Humanos e as instâncias que, no Executivo e no Legislativo, protegem esses direitos, deploraram a decisão. A opinião pública condenou os juízes por insensibilidade.

Não lhes comoveu o destino dessas crianças, órfãs de tudo, que até hoje, por descaso, o Brasil não conseguiu perfilhar. E, no entanto, elas nos são bem conhecidas, desde as páginas de Jorge Amado. Contra elas nada é crime. Despojadas de direitos, vegetam nas esquinas e praças das grandes cidades como restos humanos, tratadas como malditas, pequenas Genis, "boas de apanhar, boas de cuspir".

Em 2009, no estado do Pará, uma menor infratora foi jogada por ordem de uma delegada de polícia na cela de detentos, que a estupraram. Quem se lembra? Alguém foi condenado?

O tribunal achou relevante salientar que a "educação sexual das jovens certamente não é igual, haja vista as diferenças sociais e culturais". Que sentido tem, nesse contexto, estabelecer essa diferença? Afirmar que elas não eram ingênuas? As diferenças sociais e culturais que lhes tiraram a "inocência" e a "ingenuidade", requeridas pela juíza relatora para enquadrá-las na figura da vítima, são, por acaso, culpa delas?

Porque se prostituem – e o que quer dizer isso quando se trata de crianças – não existe violência contra elas? Apesar dos seus 12 anos, o adulto que as possui é somente "imoral e reprovável"?

Quem, em sã consciência, chamaria de consentimento o ato de se prostituir na infância? Teriam as meninas consentido do alto de seu bom senso e maturidade, amplo domínio de suas emoções e destinos?

Em nenhuma hipótese a relação sexual de um adulto com meninas de 12 anos deixa de ser uma violência.

Qualquer pessoa que vê meninas se prostituindo procura uma autoridade que as tire da rua e se ocupe delas ou, pelo menos, indignado, lamenta a sua sorte. Não vai se deitar com elas. Se o faz, aproveita-se não da ingenuidade, exigida pelo tribunal para condenar o acusado, mas da vulnerabilidade, de que fala o Código Penal, ao capitular como estupro de vulnerável a relação com menor de 14 anos.

A nota do tribunal avisa que "nada impede que, no futuro, o STJ volte a interpretar a norma e decida de modo diverso". Enquanto os juízes, de tempos em tempos, vão mudando as interpretações da norma, que mulheres irão se tornando essas meninas que, já na infância, marcadas com o estigma da prostituição, perdem todos os seus direitos? Quando alguém for enfim considerado culpado por juízes mais bem afinados com seu tempo e com o mérito do que julgam, quem lhes devolverá a justiça que lhes foi negada?

Quando o ministro da Justiça, ainda que se declarando contrário à decisão do tribunal, diz que ela tem que ser "respeitada", pede muito de nós, escolhe mal a palavra. Melhor seria dizer "cumprida". Decisões desse tipo, que vão contra o bom senso mais elementar, provocam inconformidade e indignação por parte de uma sociedade cada vez mais alerta na defesa de direitos. O que é legítimo e auspicioso.

O repúdio nacional e internacional que a decisão colheu deveria ter dado aos juízes a medida do seu equívoco. Mas não. Investindo-se no papel de Tribunal da Cidadania, repeliram as críticas que definiram como levianas. Enganam-se mais uma vez. No verdadeiro tribunal da cidadania, os juízes somos todos nós. E aí a condenação é certa e sem apelação.

A lei não escrita

É POSSÍVEL QUE, nas sombras, uma mulher tenha sido estrangulada e jogada aos cães. Outra, à luz do dia, seria morta a pedradas não a tivesse salvo, *in extremis*, uma corrente global de defesa dos direitos humanos. Por enquanto.

"Uma 'piranha' querendo extorquir o goleiro do Flamengo", me explicou um chofer de táxi, indignado com a injustiça contra o acusado. A outra, adúltera, palavra maldita na boca de aiatolás escandalizados, no Irã do companheiro Ahmadinejad.

Fogo, pedras, bala nas costas ou rotweillers, aqui ou lá, são fins previsíveis das mulheres atiradas na vala das indecentes. No Irã, apoiada na religião e na tradição, a execução é legal. No Brasil, é clandestina e selvagem, apoiada na inoperância do Estado e na apatia da sociedade.

As delegacias de atendimento à mulher foram necessárias. Quem recorria a uma delegacia comum, esbarrava no preconceito da própria polícia. Mereceu a surra que levou? Provocou com pérfida sedução o estupro que sofreu? Houve quem risse, cúmplice, quando o goleiro Bruno perguntou qual o homem que, na vida, nunca saiu na mão com uma mulher. Quem se associaria hoje, mesmo em um sorriso, a tão ilustre pensador?

A lei Maria da Penha exprime o repúdio de mulheres de todas as classes à barbárie de um mundo anômico e sombrio. Exigiram proteção do Estado e punição para agressores e assassinos, fossem eles maridos, amantes ou namorados eventuais. Supunha-se que a lei teria efeito punitivo e também dissuasório. Anos depois, o país registra a cifra estarrecedora de uma mulher assassinada a cada duas horas. Que sociedade de orangotangos é essa? Que democracia inconclusa é essa?

Paradoxo inexplicável, um país que se apresenta ao mundo como potência emergente, alardeando modernidade, com duas candidatas à Presidência da República, é o mesmo que convive com o massacre das mulheres, nos aproximando do que há de mais anacrônico no mundo contemporâneo.

Eliza Samudio procurou uma delegacia, invocou uma lei e foi enviada a um juizado que, todos, existiam para protegê-la. Deixada ao desabrigo, foi morta. O sistema judiciário falhou tragicamente. A responsabilidade cabe a ele mesmo apurar e punir. Não é a primeira vez que falha. O jornalista Pimenta Neves, assassino confesso que, pelas costas, executou a amante, condenado a 19 anos de cadeia, está em liberdade, blindado por artimanhas jurídicas.

Tão perigosa quanto a violência explícita do crime ou a inoperância da justiça é a violência surda dos olhares enviesados, dos "mas" ou "talvez" que desculpam a brutalidade, argumentando que a moça não era nenhuma santa. Crimes bárbaros encontram atenuante nos "pecados" sexuais atribuídos às mulheres. Só elas são "vagabundas", resguardado aos homens o direito a fazer em matéria de sexo o que bem quiserem sem que isso interfira em outros aspectos de suas vidas ou reputação.

Don Juan e Casanova são os modelos mais acabados da virilidade bem-sucedida. A literatura está cheia de exemplos de rapazes pobres que "sobem na vida" casando-se com herdeiras, e tudo se passa em um clima de esperteza consentida e incentivada. Não há masculino para piranha.

Políticos fazem orgias, jogadores de futebol também, condenadas são as mulheres que delas participam. Eles não, apenas exercem um direito ancestral – são folguedos, farras – onde usam seres humanos como coisas que desprezam. Não nos iludamos, a chamada mulher honesta também apanha se contraria um violento. O sentimento de poder não aceita desobediência.

A falha não está somente na justiça. A lei, por melhor que seja, não arranca as raízes de uma cultura perversa. Quem muda a cultura são os homens e mulheres que decidem recusar em suas vidas as relações de poder que deságuam nessa aberração. A sociedade não é uma abstração, é o dia a dia das pessoas, nos gestos de amor ou de ódio, no sexo que reconhece – ou não – qualquer mulher como um ser humano.

Assassinos de mulheres não são necessariamente psicopatas. São criminosos que acreditam no seu bom direito de matar e por isso não se arrependem. Mortas, suas vítimas continuam a ser culpadas.

Há países islâmicos em que as impuras são jogadas em um buraco e apedrejadas. Não seria essa a encenação perfeita, a atualidade e materialização de uma lei que, não escrita, ainda vigora, também entre nós, inconsciente ou inconfessa?

Vidas sustentáveis

O TEMPO É O MEIO AMBIENTE impalpável onde nossa vida evolui. A relação com o tempo é, nesse sentido, uma relação ecológica, marcada no mundo contemporâneo pela poluição das horas. Todos temos relógios, mas ninguém tem tempo. Essa constatação levou o filósofo Michel Serres a propor que renunciássemos a comprar relógios e guardássemos o tempo. Afinal, na vida de cada um, o tempo é um recurso não renovável.

O paradigma da onipotência e da falta de limite, o pressuposto de energias inesgotáveis que destruiu e continua destruindo os equilíbrios da Terra, contaminou o cotidiano das pessoas e se manifesta na multiplicidade de vidas que transbordam das 24 horas do dia: trabalho, casa, viagens. Some-se a isso a bulimia da informação e o frenesi dos relacionamentos no espaço virtual, segundas vidas que permeiam o real. Mesmo se a duração da vida humana é cada vez mais longa, as horas são percebidas como cada vez mais curtas.

O dia a dia nas grandes metrópoles tornou-se insustentável como modelo de consumo e também como escolhas equivocadas, que não se sustentam em se tratando de qualidade de vida. As horas passadas em engarrafamentos de pesadelo são momentos privilegiados para pensar em como desatar os nós do tempo das cidades. Na Itália, a lei obriga cidades com mais de 100 mil habitantes a criar uma Secretaria do Tempo para estudar essa variável, decisiva na relação das pessoas com o meio urbano.

Resta ainda a relação ao trabalho e à família.

A concorrência no mercado global exerce uma pressão inclemente sobre as empresas que, por sua vez, pressionam quem trabalha, fixando metas e além-metas, exigindo prontidão, ubiquidade e nomadismo. Cada um é o contramestre de si mesmo, tanto mais severo quanto mais competitivo. No mundo do trabalho, o que é urgente prima sobre o importante. Nesse reino da urgência, o estresse é a regra, e a somatização o sintoma.

Família e trabalho se tornam rivais, lealdades conflitantes. Esse foi o *leitmotiv* das incontáveis comemorações do Dia Internacional da Mulher. Como conciliar carreira e vida privada? A pergunta vale para mulheres e homens que trabalham em tempo integral. Crianças e idosos terão certamente muito a dizer sobre seus pais e filhos que nunca têm tempo para eles. Um sentimento de culpa permanente habita os jovens adultos, com duas faces, uma voltada para a família, outra para a empresa.

Homenagear as mulheres é colocar na pauta da sociedade brasileira, como um valor, o direito – para mulheres e homens – a dispor de tempo para a vida privada. Em respeito à infinidade de gestos que, em todos os tempos, elas fizeram para transformar cada um de nós em um ser humano melhor do que os selvagens que somos ao nascer. Gestos que nunca mereceram registro nos livros de história da civilização, ainda que tenham sido a grande aventura educativa da espécie.

As mulheres entraram no mundo do trabalho pela porta dos fundos. Transgressoras de uma lei não escrita que lhes proibia o acesso, aceitaram condições leoninas. Acataram uma dupla mensagem: aqui, trabalhe como um homem qualquer; fora daqui, continue a ser a mulher que sempre foi. Temendo a desqualificação – a família como um "defeito" feminino –, tentaram dar respostas biográficas a contradições sistêmicas. O tempo elástico tornou-se insustentável.

A vida privada foi ocultada enquanto desafio social, sem que se levasse em conta sua contribuição à sociedade. De difícil solução, a questão foi devolvida à intimidade dos casais. Essa ocultação, angústia diária de homens e mulheres, é um dos núcleos problemáticos da contemporaneidade.

Em tempos de Rio+20, quando a palavra sustentabilidade está em todas as bocas ainda que definida como na fábula dos cegos e do elefante, seria oportuno criar o Clube do Rio. A exemplo do Clube de Roma, que, há quarenta anos, numa reviravolta epistemológica, introduziu a polêmica noção de limite ao crescimento, retomada em recente e assertivo artigo de André Lara Resende, o Clube do Rio reuniria inteligências criativas e ousadas, hoje espalhadas pelo mundo. Atento às dimensões insustentáveis do cotidiano, buscaria o equilíbrio entre o uso do tempo e as energias humanas, mobilizando ciência e imaginação para gerar uma ecologia do tempo a serviço de vidas e cidades sustentáveis.

No futuro das cidades sustentáveis, tempo não será dinheiro. Nada nos condena a transformarmo-nos em um sub-Estados Unidos.

Mais uma bela oportunidade para o Rio de Janeiro: ser a matriz de um conceito de sustentabilidade balizado pelo bem viver.

A empregada foi embora

CHEGOU AO BRASIL um problema que, na Europa, velho de meio século, em nosso país só as domésticas enfrentavam: como viver sem empregada, essa personagem que, dentro de casa, serve de amortecedor às tensões entre homens e mulheres confrontados às exigências do cotidiano de uma família.

Quem faz o quê na infinidade de pequenos gestos do dia a dia? Nem um nem outro. A resposta é simples: a empregada, a babá, a cuidadora. Por vezes as três tarefas em uma mesma pessoa. Baixos salários, jornadas infindáveis, condições de alojamento deploráveis, essa sequela da escravidão exige uma abolição. A lei é bem-vinda. Abre uma dinâmica de transformação da sociedade que ainda não está visível em toda a sua profundidade e cujos desdobramentos vão muito além dos muros da casa. Vai interpelar, para além do orçamento das famílias, as contas públicas e a organização do tempo nas empresas.

Mulheres pobres conhecem bem os malabarismos que fazem para criar seus filhos quando a oferta de creches públicas é ridícula em relação à demanda, e a escola de tempo integral uma promessa sempre adiada. Jovens pelas ruas são vítimas e herdeiros de um país em que suas mães foram invisíveis e impotentes. A elas não se dava resposta, apenas o conselho de que não tivessem filhos, embora cuidassem dos filhos dos outros. São elas a maior parcela da mão de obra feminina e de mulheres chefes de família.

A classe média resolvia o seu problema delegando-lhes as tarefas que, sem elas, recairiam – e vão recair – sobre as mulheres com carreiras em construção. Nossa cultura, até aqui, isentou os homens desse tipo de atividade dita subalterna. É essa classe média, cada vez mais numerosa e influente, que tem voz e é capaz de defender seus interesses, que vai colocar no debate público as relações entre o mundo do trabalho e o da família no momento em que o emprego doméstico muda de estatuto.

Essa mudança põe a nu o valor – e também o peso – da vida privada que, longe de ser um bloco homogêneo de gestos que se repetem, é uma teia de situações variadas que se tecem ao longo dos dias, envolvendo sentimentos delicados e rotinas que garantem a sobrevivência.

A família não é apenas abrigo, o lugar do sustento material. É o espaço onde somos iniciados à nossa própria humanidade. Quando a escola assume a educação formal das crianças, já trabalha sobre uma imensa soma de conhecimentos práticos, gestos aprendidos, atitudes consentidas ou coibidas, agressividades domadas sem as quais seria não só inútil como impossível ensinar a ler e a escrever e a efetuar as quatro operações. Ironia: essa soma de conhecimentos muitas vezes é transmitida por uma mulher sem educação formal, que exerce junto a uma criança, que não é sua, um papel maternal. E aí reside a complexidade da relação humana imbricada ao trabalho doméstico. De modo ainda mais pungente, a relação de idosos e doentes com quem lhes cuida, testemunhas e alívio de suas fragilidades.

O Estado, de maneira imperceptível, descansava nas costas dessa mão de obra barata que velava a deficiência de uma rede institucional de creches, casas para idosos e escolas de tempo integral. A lei das domésticas rasgou o véu. O Estado doravante vai ter que devolver em serviços os impostos pagos. Essa rede institucional se torna imprescindível e inadiável, como é nos países europeus e nos Estados Unidos, onde os direitos que a lei avança não teriam sido exequíveis sem serviços públicos eficientes.

As empresas também vinham sendo poupadas pelo trabalho doméstico barato. Ele liberava o tempo que homens e mulheres não reivindicavam como fazem nos países do hemisfério Norte, onde a conciliação entre trabalho e vida privada define a fronteira entre atraso e modernidade. A lei das domésticas torna evidente que, em um mercado de trabalho que absorve homens e mulheres em igual proporção, a vida privada, que as empresas sempre se permitiram ignorar, impõe novos arranjos e temporalidades.

A sociedade é um sistema complexo. Não se faz contemporânea em apenas um aspecto. Não se mexe em uma variável sem que haja repercussões no todo. A conciliação da vida familiar com o mundo do trabalho entra de uma vez por todas na agenda da sociedade brasileira. Não como uma questão privada a ser debatida em cada casa, como tem sido até aqui, mas como uma questão pública que chama às suas responsabilidades, exigindo que as assumam, homens e mulheres, governantes e empregadores. Todos entoando o refrão bem conhecido das donas de casa: e agora que a empregada foi embora?

Laços e nós familiares

QUE NINGUÉM SE ENGANE, uma revolução sempre esconde outra. A transformação da família "pai, mãe e filhos" em um leque de possibilidades existenciais, revelada pelo IBGE, é uma porta de entrada para entender a complexa articulação entre família e trabalho e como nela se está gestando uma revolução invisível. No rastro da transformação da família está vindo a transformação do mundo do trabalho.

Se metade das famílias brasileiras já não corresponde ao modelo casal com filhos vivendo sob o mesmo teto, nem por isso a família se desfaz. Ela resiste, assume formas inusitadas e afirma-se como o que de fato é: laço afetivo, uma realidade econômica e, quando há crianças, um espaço de transmissão de valores e comportamentos. Intimidade, gratuidade e solidariedade que caracterizavam a família tradicional ancoram, hoje, nessas novas configurações, multifacetadas.

Essa grande diversidade tem denominadores comuns: o menor número de filhos – ou nenhum filho – e o fato de que homens e mulheres exercem, ambos, atividades lucrativas e colaboram com suas rendas para o sustento da família. A criação dos filhos se dá nos interstícios de duas vidas profissionais. No cotidiano dos casais ou dos indivíduos, homem ou mulher, que sozinhos assumem essa responsabilidade, o tempo se torna o bem mais precioso.

O mundo do trabalho não estava preparado para acolher os problemas da vida privada. Enquanto o homem provedor dominou a cena conjugal, uma mulher em casa assumia o peso das responsabilidades domésticas. Quando o provedor saiu do ar e as mulheres bateram à porta do mundo do trabalho, esconderam a vida privada, temerosas de que este "defeito" lhes fechasse o acesso. E tomaram as devidas providências: em pouco tempo caíram as taxas de natalidade. Subiu a renda familiar, com dois salários onde antes só havia um sustentando o consumo de uma família menor.

A renda das famílias aumentou na razão direta em que aumentava a carga e se acelerava o ritmo do trabalho das mulheres. Divididas, às voltas com o sentimento de culpa, voltado ora para a família, ora para o trabalho, os laços de família se transformaram, para elas, em um nó.

Não por acaso, como mostram os dados do IBGE, um número crescente de mulheres retarda ou renuncia à maternidade para levar à frente um projeto profissional. O que prova que o mundo do trabalho invadiu e, durante algum tempo, submeteu as escolhas privadas às suas regras. Mas como o campo dos afetos é resistente, chegou o momento em que é ele que começa a invadir o mundo do trabalho, forçando-o a abandonar seu ideal de espaço esterilizado dos ruídos da vida real e a conviver com os vínculos que fazem sentido para pessoas de carne e osso, que ganham a vida sem que por isso estejam dispostas a vendê-la.

O que as estatísticas ainda não desvelam é como o mundo do trabalho em suas pontas mais modernas começa a se redesenhar para atender a essa nova família. A organização do tempo, vivido como uma angústia generalizada, é hoje um núcleo problemático do cotidiano das empresas. As mulheres e, cada vez mais, os homens estão afirmando que o desejo de melhor criar seus filhos ou de ocupar-se de si mesmos como condição de sobrevivência psíquica e aspiração à felicidade não significa desídia. Já não querem esconder o privado. Querem debater o problema de sua articulação com o trabalho não mais na intimidade da família – onde não há solução porque não é um problema doméstico –, mas dentro da própria empresa, que é parte do problema e da solução.

A vida privada que o mundo do trabalho ignorava perpassa, hoje, os departamentos de RH. Flexibilidade nos horários, possibilidade de trabalhar em casa alguns dias na semana, já não soam como uma aberração, e já estão sendo experimentadas nas empresas. As tecnologias da informação ajudando, a jornada de trabalho vai perdendo seu caráter fabril onde reina o contramestre e o relógio de ponto, incorporando a virtualidade no desempenho profissional avaliado pelo cumprimento de metas, e não pelo tempo de permanência nos escritórios. Não se trabalha menos, apenas de maneira diferente. O local de trabalho do século XXI será, cada vez mais, para muita gente, o ciberespaço.

Essas alternativas que aliviam a pressão do tempo colocam as empresas inovadoras no coração da modernidade, exemplo estruturante para a sociedade brasileira. As demais serão cada vez mais confrontadas com essa questão. Assim como a família mudou, e justamente porque ela mudou, a maneira de trabalhar está mudando.

O ESPÍRITO DO LUGAR

Cafés

No caos urbano, cada um, como um bicho assustado, procura o seu lugar. Uns preferem os botequins, outros um banco de praça, um guarda-sol na areia. Meu lugar são os cafés.

Carioca sequelada por muitos anos de exílio europeu, o café é o meu meio natural, onde entro como quem chega em casa e me sento à mesa como na minha sala de jantar. Ali me sinto autorizada a estar e a ficar uma tarde inteira se bem me aprouver. Há uma cultura própria ao povo dos cafés que, não sei por quê, associo a livros e jornais, talvez pelos muitos que consumi nessas esquinas da cultura. Afinal, em um café, Sartre escreveu um tratado de fenomenologia e Simone, sete volumes de autobiografia vivida de um café a outro.

George Steiner, um europeu de boa cepa, define a Europa antes de tudo como um continente que se pode percorrer a pé, indo de café em café. Ali tudo se passa, o complô, a paquera, a boataria, ali se espera o grande amor. Poetas e filósofos tomam notas em Moleskines.

No Rio, o café é instituição recente que pegou como um rastilho. Nos cafés da moda, rapazinhos antenados ensaiam negócios que vão falir enquanto o que resta dos intelectuais, uma espécie em extinção – meus pares –, insistem em redesenhar o mundo à sua imagem e semelhança. Sei, sabemos, que nunca será assim, mas o café existe para isso, para suportar os fracassos das revoluções.

Muitas, algumas de grande sucesso, foram tramadas em cafés, como o Landolt, de Genebra, onde Lênin jogava xadrez com Trotsky e escrevia uns papeizinhos que anos depois seriam lidos no mundo inteiro. Nos anos em que fui professora da Universidade de Genebra, a cada dia atravessei a rua e sentei-me nessa grande mesa de canto, quadrada, onde uma plaquinha registrava a passagem dos bolcheviques. Ali tramei com um grupo de mulheres, revoltadas com a condição feminina, uma revolução bem mais amena, mas talvez mais subversiva e que faz seu caminho, está em curso até hoje, dividindo civilizações.

Como felizmente não só de revoluções vive o mundo, o Café de Flore, no Boulevard Saint Germain, foi teto de muitos amores, ponto de encontro de uma intelectualidade que marcou o século XX. Ali também uma plaquinha marcava o lugar cativo de Simone de Beauvoir, que, em tempos de guerra, sendo rara a calefação, aquecia-se com um bom café e o calor da presença dos amigos. Ali souberam que os alemães entravam em Paris.

Um café, e esse é sem dúvida o meu preferido, só conta a história do prazer e da beleza, dos que se deslumbram com a Piazza San Marco e não se importam de pagar por uma taça o preço de um almoço, contanto que possam ficar ali, no eterno clima de lua de mel, ouvindo a orquestra de violinos que arranha um repertório romântico. Momento de graça, o café Florian foi para mim a prova mais certa de que a vida vale a pena. Onde a minha própria vida mais valeu a pena. Ali encontrei, no carnaval de Veneza, o Rei Sol e sua Corte. Saudamo-nos com a cumplicidade dos que frequentam esse ponto de ouro da Terra e se reconhecem em seus indiscutíveis privilégios que tomam por não mais que merecidos.

As pessoas que amo se dividem entre Florença e Veneza. Eu, veneziana, às vezes a traio quando na madrugada de Florença a cidade há muito adormeceu, o Arno reflete como um espelho as pontes que se sucedem, invertidas, como em um delírio psicótico. Nessas horas de silêncio e mistério, o Ponte Vecchio me parece guardar a remota possibilidade de que seja ali a entrada de um outro mundo. É quando o sino do Duomo soa três badaladas. Então me abandono a Florença.

Volta o dia. No Rivoire, Piazza della Signoria, admito que esse simpático café não vale um milésimo do Florian. Nele não se fica, apenas se descansa das longas caminhadas. Acaba aí a infidelidade da madrugada.

Na metade do século passado, quando o Rio de Janeiro não conhecia cafés, enquanto Sartre e Simone escreviam em Saint Germain, minha avó, uma senhora muito elegante, distante de qualquer existencialismo, que nutria a cultura dos cafés, levava à Confeitaria Colombo a neta maravilhada com os espelhos que se refletiam ao infinito. A Colombo foi o primeiro e inesquecível café de minha vida, e mesmo se hoje o mau gosto a transformou em um restaurante a quilo, frequento-a, como quem visita uma grande dama empobrecida e decadente, a quem não conseguiram roubar a elegância. E que ainda estimo, *in memoriam*.

Na Colombo não grassou o existencialismo, ali apenas se sassaricava e o que de mais próximo se ouvia sobre essa escola de pensamento era a Chiquita Bacana, existencialista, com toda razão, que só fazia o que mandava o seu coração.

Hoje, meu coração carioca aporta no Garcia e Rodrigues, onde o decorador fez uma releitura da velha Colombo para plantar no final do Leblon. Ali funciona, no segundo andar, o meu escritório, em uma mesa redonda, de canto, que me serve de mesa de reunião em um tempo deselegante no qual o café da manhã mais serve ao universo tenso e angustiado do *business* do que ao sabor das torradas e das geleias. Tristes tempos.

Volto à tarde e tomo então, sozinha, um verdadeiro café. Redenção desses tempos de vulgaridade.

O espírito do lugar

Diante do céu límpido que mergulhava no mar insolentemente azul, moldura de um Pão de Açúcar também azulado, no mágico fim de tarde de inverno, pensei: nada mais justo do que eleger essa cidade patrimônio da humanidade. Quem já correu mundo sabe que não é em qualquer esquina que se encontra uma paisagem assim, menos ainda abrigando uma sociedade multicolorida como a nossa. Desde sempre o Rio foi e é o patrimônio de qualquer carioca. Que seja agora de toda a humanidade aumenta nossa autoestima e também nos põe em brios para melhor cuidar do que é nosso.

Escaldado pelas múltiplas e milionárias despoluições da baía de Guanabara, anunciadas e jamais acontecidas, o povo do Rio quer ver para crer. Os pessimistas se perguntam qual será o legado dos grandes eventos, Copa e Olimpíadas. Haverá algum ou seremos, de novo, enganados? E pensam, certamente, em um legado de cimento, traduzido em grandes obras a cargo das autoridades.

Um outro legado se impõe, impalpável, obra imaterial a ser construída, se assim quisermos e disso formos capazes. Um legado, inscrito em cada um e incorporado ao nosso cotidiano, do qual estaremos, paradoxalmente, usufruindo bem antes das Olimpíadas. Que não depende apenas do governo e suas empreiteiras, mas sobretudo do empenho da população. O Rio está convidando o mundo todo para uma festa em nossa cidade. Há que arrumar a casa e os donos da casa somos nós.

Trata-se de preencher esse espaço – obra da natureza – que o Rio é, com a arte de uma cultura digna da beleza que nos abraça: relações afinadas entre seus habitantes que teçam uma sociedade convivial e transformem um cenário em um lugar insubstituível para vivermos, sem discriminações ou preconceitos.

São as pessoas, não os decretos ou o planejamento dos gabinetes, que com seus gestos e interações emprestam sua alma aos lugares. É a soma de uma miríade de micromotivações que configura um modo original de organizar o tecido urbano que dá a cada cidade seu charme e identidade.

A mais bela praia, deserta, tem pouco a ver com um domingo de sol quando, na areia repleta de gente e guarda-sóis, os cariocas se auto-organizam e todos encontram sua areia e seu mar. Um lugar não prescinde do jeito de viver da população que impregna de sentido um determinado espaço. Desse espírito – que os antigos chamavam de *genius loci* – deriva o espaço vivido, impalpável, mas perceptível, que faz uma cidade acolhedora ou inóspita. Presença real que se capta nas manhãs do Aterro, nas noites da Lapa e da feira de São Cristóvão, nos fins de tarde do Centro, quando a cidade diz adeus à semana.

Que espírito vai impregnar as calçadas e ruas do Rio? Cuidado e respeito ou descaso e incivilidade? Mudar comportamentos incivis deve ser meta prioritária do legado da cidade ao mesmo título que despoluir a baía de Guanabara ou construir a Transcarioca.

Calçadas podem ser agradáveis pontos de encontro onde flui a vida urbana, mas podem também se transformar em depósitos de lixo. Depende de quem passa por ali. O lixo é eloquente e fala por si. Suja a cidade e destrói os bens públicos quem quer. E quer porque acha que não haverá punição.

Pedestres não convivem bem com bicicletas nas calçadas, nem no asfalto, alegremente na contramão, hoje hábito corriqueiro em todos os bairros, os mais e menos afluentes.

Ao governo cabe a limpeza e a conservação física dos espaços, à população cabe preservar o espírito público que nos faz reconhecer o direito de cada um, respeitando as normas que valem para todos.

No capítulo do trânsito, inferno cotidiano em que ardemos todos, quisera que motoristas entendessem que a incivilidade causa acidentes que matam, ferem e paralisam a cidade. Onde as exortações não forem eficientes, as punições hão de ser. A diminuição de infrações e, por extensão, de multas seria um bom indicador de que a meta de uma cidade convivial está sendo alcançada.

A mobilização contra a incivilidade parte de quem não quer mais conviver com ela, mas não prescinde da contrapartida do governo: eficiência na gestão pública, inteligência na comunicação, falando ao sentimento de pertencimento dos cariocas, e capacidade de fiscalização. Comportamento cidadão e bom governo se retroalimentam. Se um falha, anula o outro.

O melhor legado dos grandes eventos seria uma população consciente do patrimônio que é ser carioca, tendo incorporado à sua propensão natural à convivialidade o compromisso com a civilidade. A vida urbana é uma bela escola de democracia. A democracia, afinal, nasceu com a Pólis.

Os autores da cidade

AS CIDADES SÃO SISTEMAS VIVOS, capazes de aprender e se transformar, não apenas um aglomerado de pessoas, aleatório e desconexo. Na vida das cidades, fatos e atos nunca são apenas o que parecem ser. A cidade tem um poder de contaminação para o bem ou para o mal. O medo, por exemplo, se alastra facilmente. Assim como as esperanças.

Quando cariocas deixavam o Rio, fugindo da violência, a cidade, dizia-se, era um caso perdido. Mas eis que o inesperado aconteceu: o espírito da cidade mudou. Atribui-se essa mudança a sua escolha como sede das Olimpíadas e de outros eventos para os quais estamos convidando gente do mundo inteiro. É bom não esquecer que os donos da casa somos nós.

Que ninguém subestime a importância das Unidades de Polícia Pacificadora nessa mudança. Em si elas cumprem os objetivos a que se propuseram: recuperar os territórios ocupados pelo crime organizado e devolvê-los aos moradores. A demanda de uma política de paz que se espalhe pela cidade cresce e se afirma. Há que torná-la irreversível. A tarefa, em si, já é imensa, mas grande também é a força do exemplo, a demonstração na prática de que uma estratégia consistente, aplicada com coragem e perseverança, se impõe como política de Estado. E tira da letargia uma população que antes se comprazia na litania do "não tem jeito". No rosário de queixas – quase todas legítimas – a acusação de inércia, quando não de cumplicidade das autoridades.

Agora que o governo está agindo, cabe a pergunta: qual o papel da sociedade? Pois não há que esperar de uma ação policial que satisfaça a lista de necessidades que a desigualdade e o abandono acumularam ao longo de várias gerações.

A ação policial terá sido uma condição *sine qua non* para que outras energias da sociedade se ponham em movimento. Um exemplo: a indústria precisa de mão de obra, e os jovens de ensino profissionalizante e trabalho. Com a palavra, empresários e educadores.

Resta a ação dos moradores das favelas que, livres da coerção do tráfico e das milícias, têm a possibilidade de vertebrar seus bairros com iniciativas próprias. E deixar para trás os vícios da informalidade e dos "gatos", resquícios de um tempo de ilegalidade generalizada, promiscuidade dos pequenos com os grandes delitos. Essa a parte que lhes cabe na integração da favela, como bairro, aos outros bairros.

Olhando para a cidade como um todo, é evidente que violência do crime organizado, sendo o mais trágico problema urbano, não é o seu único desafio. A violência tem muitas faces, como o caos do transporte público e a agressividade do trânsito.

Há quem gaste três horas para chegar ao trabalho e outras tantas para voltar para casa. São horas não pagas, tempos de vida roubados aos que ganham menos. Na cidade entrevada, onde um mar de veículos se atravanca desordenadamente, o cotidiano dos cariocas está engarrafado em um trânsito infernal.

Se foi o aumento de renda que, ampliando a classe média, trouxe para as ruas um número maior de veículos – o que é uma boa notícia –, espera-se uma notícia ainda melhor, a de que o governo chamará a si a mobilidade urbana, investindo em engenharia de trânsito com a mesma determinação de enfrentar obstáculos que colocou a segurança pública no topo das políticas bem-sucedidas. Confirmaria assim a demonstração de que problema sem solução é o que ainda não foi chamado de problema ou equacionado corretamente.

Os cariocas, por sua vez, seriam coerentes se só atravessassem a rua nas faixas de pedestres e não parassem carros em fila dupla. Se não bloqueassem os cruzamentos ou ultrapassassem pelo acostamento, dirigindo com o senso de responsabilidade que cobram de quem dirige a cidade. Se não andassem de bicicleta nas calçadas nem as transformassem em estacionamento.

Calçadas são um pequeno pedaço da cidade que todos poderiam assumir como seu, cada prédio, rua, quarteirão ou bairro, restabelecendo nelas ordem e livre trânsito para os pedestres. Todos ganhariam, sobretudo idosos e deficientes físicos.

Engenharia de trânsito e políticas de transporte público são tarefas de governo. Comportamentos civilizados e conviviais dependem de cada um de nós. Pequenos gestos que, somados, sinalizam uma superação da cultura da brutalidade – elogio da esperteza e do oportunismo – e inauguram uma relação regenerada entre governo e sociedade.

O bom governo é uma via de mão dupla onde se encontram autoridades que assumem suas responsabilidades e cidadãos conscientes de que, em última análise, são eles os autores da cidade.

Um crime de lesa-cidade

NÃO HAVIA, NA CERTA, carnavalescos entre os que tentaram instrumentalizar a greve da polícia do Rio para sabotar o carnaval. Se houvesse, saberiam que com o carnaval não se brinca. Essa instituição milenar que sobreviveu à travessia de oceanos, que, em nossas plagas, vicejou como em nenhum outro lugar graças à afortunada mistura de culturas e cores de peles de que somos feitos, não é, simplesmente, passível de sabotagem.

Tampouco havia entre esses pescadores de águas turvas quem de fato conheça o povo carioca. Enquanto políticos oportunistas tentavam detonar a festa, sacudindo o estandarte do caos e manipulando a dura e, sem dúvida, mal paga vida dos policiais, o Bola Preta, sem medo de ser feliz, desfilou na sexta-feira em que a greve foi decretada, abrindo a folia e apostando na alegria contra os maus presságios.

Essa respeitável agremiação popular que desde 1918 mostra um poder convocatório superior ao de qualquer político – põe dois milhões de foliões na rua – se alimenta do mistério do carnaval. Vive da fantasia, não só daquela que veste, branca com bolinhas pretas, mas da fantasia ancestral que renasceu a cada século, habitou tantas épocas e povos e que nos leva, durante alguns dias, a viver outras vidas, o que ajuda a suportar, no resto do ano, a áspera vida real. O caos dos blocos tem uma natureza que lhe é própria – é o caos do imaginário e nele é banal encontrar-se um sheik abraçado a uma índia de espanador. E segue o cordão que vai por aí, colhendo nas calçadas barbados de meia arrastão. É graça dada aos carnavalescos acreditar em fantasias, a eles é dada a pele colorida dos arlequins.

Políticos de diminuta estatura, que pouco se importam com o destino do Rio, apenas com suas próprias medíocres ambições, esquecem que aqui vive um povo que encarna e leva a sério o carnaval. Mesmo se é pra tudo acabar na quarta-feira, a força do Bola, do Simpatia, do Boitatá e tantos outros é maior que a insensatez dos que cometeram um verdadeiro crime de lesa-cidade.

No magistral filme de Nelson Pereira dos Santos, *A música segundo Tom Jobim*, o desfile do maestro na Passarela do Samba, com seu terno branco e chapéu de malandro, como um imperador dos trópicos encarapitado em uma profusão de verde, sintetiza a glória que cobriu sua vida. Esse *gran finale* enche de orgulho o espectador: orgulho de Tom, de Nelson, do Brasil.

Darcy Ribeiro, ele mesmo um personagem arlequinal, mineiro que dizia ser o Rio a mais bela província da Terra, a contragosto dos caciques das escolas de samba legou-nos o controverso Sambódromo. A passarela é hoje um panteão a céu aberto onde se inscrevem nas retinas e memórias de milhões de pessoas as imagens e nomes dos que fizeram a história política ou cultural do país, homenageados e recriados pelo talento dos que continuam a escrevê-la.

Pouco importa se a evocação de heróis deve menos aos historiadores do que a Stanislaw Ponte Preta. Ali se encontra de Ana Botafogo à Intrépida Trupe puxando uma comissão de frente. Ali se exerceu o gênio barroco de Joãosinho Trinta. Ali se produz o milagre das Escolas de Samba e sua multidão de figurantes, onde se misturam moradores de todos os bairros, onde a cidade, por algumas noites, se encontra, se recompõe e acena com a promessa do que poderia ser e ainda não é. Mas, como Darcy gostava de dizer: "Havemos de amanhecer."

Há uma beleza única nas madrugadas de carnaval, nos arredores da passarela, onde pássaros de todas as plumagens, as asas quebradas pelo cansaço depois de um voo cego sobre a Avenida, pousam no asfalto e adormecem. Manhã de carnaval.

Era dever das autoridades proteger essa festa como o rico patrimônio cultural que ela é, luminosa fantasia com que o Rio se veste e se apresenta ao mundo. Sabotar o carnaval é, sim, um crime de lesa-cidade, no momento em que ela, mais do que nunca, busca afirmar-se e ser respeitada como metrópole global.

Frente à chantagem, o comando da polícia militar deu uma prova de firmeza e sentido de responsabilidade: a ordem seria mantida. Quem saiu às ruas confiou no que lhe foi prometido. Ganhou a cidade.

A alegria da população, o desejo de paz e a civilidade são valores que vão falar cada vez mais alto. A cultura, entendida como os modos de ser e de fazer de uma sociedade, irrompe na cena política como um fator determinante do futuro do Rio. Quem a despreza ignora o que move a cidade e por onde ela se está movendo.

Não havia no bloco dos desmancha-prazeres ninguém capaz de avaliar a que ponto o Rio está mudando, e para melhor.

Bandidos e falsos espertos

"Tenho medo de me decepcionar", confidenciou-me um amigo, referindo-se ao futuro do Complexo do Alemão. Habituado, como todos nós, à montanha-russa do entusiasmo e do mergulho na vida real, temia que a lua de mel com o Estado brasileiro, sua polícia, suas forças armadas, seu território recuperado, pouco durasse. Um rosário de suspeitas incluía tudo e todos. Só não incluía ele mesmo. Cioso dos impostos corretamente pagos, esse espectador *blasé* encerrava aí o seu papel nessa história.

O Estado vem agindo com eficiência e energia, enfrentando um problema cuja dimensão não se mede olhando as imagens da favela ocupada. Elas não dizem o número de jovens assassinados, os que abandonaram a escola, os que erram lá dentro, no duplo sentido, de repetição em repetição, os filhos nascidos de quase meninas, o exemplo da vida bandida, a falta de horizonte. Nada de novo, uma favela como todas as outras, diriam os céticos.

E, no entanto, tudo mudou. O que as imagens de desolação não mostram é como ali se quebrou o paradigma do "tudo é permitido" que regia a vida não só lá, mas na cidade inteira. Essa, a mais auspiciosa herança da invasão do Complexo do Alemão.

Acrescente-se a expectativa dos moradores dos bairros à volta de que, assim como a desgraça em que vivia a favela, espraiando-se sobre eles, degradou-os, assim também as benfeitorias que a ocupação social promete se espalhem para além de suas fronteiras, redimindo o vazio governamental. Essa esperança que confia é parte ativa da reconstrução, já que a desconfiança das autoridades corruptas abria o caminho para a promiscuidade com os bandidos.

Leitores de Dostoiévski se lembrarão da famosa pergunta: "Deus não existe? Então tudo é permitido?" Essa questão alimentou um século de debates filosóficos. Quem acreditava em Deus, invocando-O para garantir que, sem essa autoridade maior ditando a lei, estaríamos condenados a ser assassinos ou ladrões, entregues a nós mesmos. Prevaleceria a madeira torta de que é feita nossa natureza, na expressão de Isaiah Berlin. Quem não acreditava retorquia que esse Deus inventado fez com que, em Seu nome, tudo fosse permitido, as guerras santas e a violência contra as heresias.

Baixando à terra carioca, tudo é permitido se a lei não vigora. Foi assim que o Complexo do Alemão se tornou uma terra de ninguém. Doravante, fica o risco a ser evitado de, em defesa da lei, admitir arbitrariedades que contrariem o seu próprio espírito. Dostoiévski continua em pauta.

Em pauta também a madeira torta da nossa natureza, já que o espectador que tem medo de se decepcionar está em cena, é parte do sucesso ou fracasso, ainda que não reconheça o seu papel.

Para além do que as autoridades consigam impor, é a norma interna de cada um de nós que ditará as condutas e dará o tom da cidade. É ela que inspirará, ou não, o comportamento cidadão. Senão por que não avançaríamos o sinal quando não há um guarda em cada esquina?

Não é só a autoridade que nos dita o certo e o errado, é a convicção individual de que a vida em sociedade é um contrato a ser respeitado entre pessoas que convivem em um mesmo espaço. É essa adesão voluntária que funda uma vida vivível.

Quem tranca um cruzamento e engarrafa a rua, provocando buzinas histéricas, estaciona nas calçadas, fala ao celular no cinema ou joga o lixo na rua institui a transgressão como valor. A banalidade cotidiana do cada um por si envenena a convivência, mexe com a fera domesticada que nos habita e que, sentindo o cheiro da selva, se agita.

O que tem a ver os "pequenos" delitos com a recuperação de um território ocupado por bandidos é que todos pertencem ao paradigma do "tudo é permitido" que impregnou a cultura da cidade.

A transgressão no dia a dia está mais próxima da falta de solidariedade – ou simplesmente da incivilidade – do que do espírito libertário que faz do Rio uma cidade que se opôs às ditaduras, uma sementeira de artistas e criadores. São justamente esses os mais empenhados em fazer dela um espaço criativo e convivial.

O carioca "esperto" é um pobre-diabo trancado nos engarrafamentos que ele mesmo provoca. Aprendiz de feiticeiro que morre de medo da violência ou morre da violência sem se dar conta do quanto é cúmplice do ambiente em que ela viceja. Quantos mais formos a perceber o quanto essa esperteza é burra, mais inteligentes seremos.

A chance do Rio agora é reconstruir sua cultura. O que implica demolir o mito da esperteza. E apostar no valor de múltiplos gestos cotidianos que releguem esse mito a um passado lamentável.

Chuva de ouro sobre o Rio

CADA ANO QUE PASSA é um filete de tempo que escorre de nossas vidas. À meia-noite de 31 de dezembro a cidade é um feixe de nervos, dois milhões de pessoas vestidas de branco se comprimem na areia de Copacabana. Nessa noite somos todos supersticiosos, tentando penetrar a opacidade do futuro, suspensos ao mistério do que vem por aí. Esse ano uma chuva de ouro – quero crer de bom augúrio – caiu sobre o Rio.

Segundos antes, a respiração da cidade se acelerou, subiu da areia um alarido nervoso que se transformou em coro de entusiasmo quando boquiabertos vimos a esplendorosa chuva de ouro caindo no mar. Rompia o ano de 2013. Esse momento se inscreverá na memória da cidade. Como não ter esperança no futuro do Rio se somos capazes de produzir um evento da envergadura e da beleza do Réveillon de Copacabana? Quem disse a bobagem que não estamos preparados para grandes eventos? Quando vai acabar a autoflagelação que nos leva a selecionar cuidadosamente os defeitos da cidade e calar sobre os seus feitos?

Esse Réveillon não é uma noite banal mesmo se, ao longo dos anos, nos acostumamos a integrá-la, sem alardes, ao nosso calendário festivo, ao verão que começa quando se acende a árvore da Lagoa e termina na Quarta-feira de Cinzas. Ela exprime muito do que a cidade já é e o que potencialmente pode vir a ser. Não é banal reunir sob um calor intenso dois milhões de pessoas que em paz, entre ritos diversos, orações e carnaval, festejam juntos o amanhecer de um novo ano.

Classes, credos, gerações se misturam celebrando, em metáfora, o amanhecer de uma nova cidade. Ali está representada toda a população carioca que acorre dos subúrbios, das favelas e dos bairros de classe média a esse bairro de classe alta que pertence a todos porque, no imaginário dos cariocas e no cartão de visitas com que nos apresentamos ao resto do mundo, é o símbolo mesmo do Rio. Quem não conhece Copacabana? Quem não sabe cantarolar a princesinha do mar?

É preciso aprender a ler os sinais que a cidade emite para além de suas mazelas cotidianas – e que não são só suas –, mas participam do estilo de vida das grandes metrópoles, um inferno equivocado e massacrante que ninguém sabe quem inventou e que se abate sobre todos. O Rio está emitindo uma mensagem de esperança e de confiança em si que deve ser entendida e acolhida.

Há quem desconfie da esperança. Eu não. Reconheço sua natureza imperial, imbatível. Ela tem vida própria e nos expulsa das cavidades protetoras da memória onde se escondem fundadas decepções. É ela que, quando um cansaço imenso busca o testemunho das desilusões, arrogante, vira as costas e anuncia que viaja nua para o futuro, levando consigo uma boa dose de otimismo. Explica que os otimistas podem se enganar, mas os pessimistas já se enganam no ponto de partida. Da soleira da porta, antes de partir, anuncia: "Tenho uma boa notícia." E é ela que todos queremos ouvir, ela que é a senhora do amanhecer.

A esperança não é ingênua, apenas confia em sua força constitutiva do real. Sabe que tem uma influência decisiva sobre o que quer mudar, que é construtora de fatos novos. A esperança não é voluntarista. É voluntariosa, sabe o que quer.

Ora, morar no Rio é conviver em permanência com luzes e sombras, o que exige de nós esperança. Um exemplo: no dia mais quente do ano, o vergonhoso aeroporto do Galeão apagou-se. Naufragou. Pois que se chame Galeão Naufragado ou que velharia seja, mas não desonre o nome de Tom Jobim.

O aeroporto é o defeito, o resultado da incúria, o lado literalmente sombrio da cidade. Tom Jobim, ao contrário, foi luminoso, dos maiores feitos da cultura carioca.

Se tivermos a esperança de ter antes dos Jogos Olímpicos um aeroporto à altura da música de Jobim, belo como o Réveillon de Copacabana, incorporando-se a esses padrões de qualidade de que essa cidade tem sido capaz e com que impressiona o mundo, teremos que criar um movimento em defesa de Jobim – que não merece ter o nome enxovalhado – e de nós mesmos. Tampouco os turistas merecem tamanho desrespeito. Investir na esperança de que o melhor de nossas capacidades prevaleça sobre a incompetência e a corrupção que nos levam às trevas. Para abrir o Ano-Novo, que tal exigir das autoridades respeito à memória do maestro Antonio Brasileiro?

Desejo aos cariocas no limiar do Ano-Novo a insistente esperança de, esse ano, viver cada vez melhor. Afinal, não é todo dia que chove ouro sobre uma cidade.

Cultura da irresponsabilidade

A DOR NÃO CABE nas três letras de uma palavra. A dor é indizível e só cada um conhece a sua. A dor alheia se respeita no silêncio e na compaixão.

A revolta, ela sim, comporta muitas palavras e outros tantos gestos que não devem ser poupados. Do que aconteceu em Santa Maria se deve falar à exaustão, discutir em cada sala de jantar, escola, em cada gabinete, da presidente aos prefeitos, até que se chegue às raízes da tragédia. Não apenas procurar os responsáveis e puni-los, mas também combater os irresponsáveis, desentranhar de nossa maneira de viver comportamentos aberrantes que, tidos como normais, cedo ou tarde desembocam em desastre. Porque o que está em causa não é só a responsabilidade específica, localizada em Santa Maria, mas a irresponsabilidade invisível, porém generalizada, que alimenta no país uma cultura assassina.

De onde vem o desprezo pela lei, a ojeriza à ordem? Por que no Brasil as leis não pegam e as normas não se cumprem? Por que achamos tanta graça na transgressão? Quando um elevador está superlotado, alguém grita "Entra, que sempre cabe mais um!". E, no entanto, a lotação máxima está à vista de todos. Se alguém sai em sinal de protesto, ouve o comentário: besteira. Numa mistura de estupidez e leviandade, às gargalhadas, colocamos em risco as vidas uns dos outros.

O desprezo pela ordem tem uma causa: ninguém teme a lei, porque acredita – não sem fundamento – que sempre se encontrará uma maneira de contorná-la, uma propina, a influência de um amigo, o favor de um político. A história da corrupção se enreda na história da transgressão e a explica.

O divórcio entre a população e a autoridade provém de uma desconfiança ancestral de que esse jogo não é para valer. O desprezo pela política que, confundida com o poder do Estado, aumenta a cada dia – e, mais uma vez, com boas razões – não é alheio a essa confiança na impunidade.

Havia superlotação na boate em Santa Maria. Como há em tantas outras, o que não a absolve, ao contrário, anuncia novos dramas. A função pública mal exercida, a exemplo de fiscais que não fiscalizam, deixa de ser respeitada. Quem confia na presença, presteza e preparo da polícia? Quem são esses seguranças que substituem as autoridades, essa praga de gigantes embrutecidos, de terno e gravata, saídos ninguém sabe de onde, imbuídos de uma autoridade espúria, dada por quem? Convivemos com eles em cada shopping, em cada restaurante, supostamente para nossa segurança. De tempos em tempos, massacram um jovem que bebeu demais. Cenas banais, logo esquecidas.

Havia seguranças na boate de Santa Maria que custaram a entender o que acontecia, preocupados com as contas não pagas. Barraram a saída. Quem lhes deu esse direito?

No dia 17 de dezembro de 1983, último sábado antes do Natal, na Harrods de Londres, havia crianças por toda a parte, já que é tradição entre as famílias pobres, à guisa de presente, levar os filhos para ver o tradicional presépio com que a loja se enfeita.

Uma bandinha do Exército da Salvação tocava canções natalinas quando o prédio inteiro estremeceu. O IRA escolhera esse dia para um atentado, apostando no pânico que aumentaria o poder destrutivo de um bomba que arrasou boa parte do andar térreo, fazendo oitenta vítimas.

Em minutos, a polícia chegou ao local e coordenou a retirada de milhares de pessoas espalhadas em cinco andares. Entre a explosão e a chegada da polícia, funcionários treinados para emergências já haviam começado a organizar a saída. Ninguém pôde impedir a brutalidade do atentado, mas as medidas de segurança evitaram o pânico, a correria, gente pisoteada. Essa história, ninguém me contou, eu vivi. E não esqueci.

A vida humana, entre nós, tem pouco valor. A cultura da irresponsabilidade não conhece a prevenção. Prevenir dá trabalho e tem custos. A ganância que impregna nossa sociedade é, a todos nós, letal. Uma casa noturna que acolhe cerca de mil pessoas não tinha um mísero extintor que funcionasse. Em um prédio que frequento há anos surgiram, do dia para a noite, em todos os andares, extintores reluzentes, o que sempre foi obrigatório, jamais cumprido. Funcionarão? Por quanto tempo?

A presidente da República, emocionada, afirmou que essa tragédia não pode se repetir. Tomara que use sua autoridade para colocar um freio nessa cultura que envolve, na mesma promiscuidade, agentes públicos incompetentes e gente gananciosa. Quanto a nós, se a tragédia de Santa Maria não nos convencer de uma vez por todas que a irresponsabilidade é assassina, preparemo-nos para mais dor e desespero.

Adversários e inimigos

NO ENTORNO DOS ESTÁDIOS é comum ver grupos de garotos, radiantes, se preparando para assistir a um jogo de futebol. Deve ter sido assim que um menino boliviano saiu de casa para ver seu time enfrentar o Corinthians, lendário campeão brasileiro e mundial. Voltou morto, o rosto trespassado por um sinalizador náutico atirado da "torcida organizada". A mesma que no ano passado acabou com a apuração do concurso das escolas de samba de São Paulo, estragando mais uma festa popular.

O sinalizador era idêntico ao disparado dentro de uma boate e que provocou a tragédia de Santa Maria. É um naufrágio o que esses dois crimes estão sinalizando. Não pode ser tratado como um problema menor. Onde vamos parar, perguntava, chorando, um jogador de futebol, campeão do mundo, indignado com a leniência com que o crime de Oruro era tratado nas redes sociais.

O futebol é uma das maiores alegrias do povo brasileiro, um esporte que se confunde com nossa identidade e autoestima, que habita o sonho dos mais pobres e ensina a derrota aos poderosos. Imprevisível, na caixinha de surpresas de Nelson Rodrigues, uma decisão do juiz, um lance infeliz, uma falta que provoca uma expulsão decidem uma Copa do Mundo. O acaso faz dele um verdadeiro jogo.

Esse jogo mágico está sendo pervertido pela violência de uma minoria que encontra eco no comportamento anônimo e impune das multidões. A cada partida que mobiliza as torcidas dos grandes clubes brasileiros, em meio à alegria, a catástrofe espreita como um possível avesso. Pacíficos torcedores têm medo de ir ou de levar seus filhos aos estádios, que se tornaram lugares perigosos. As camisas dos clubes vestem hordas que se enfrentam aos urros, como num circo romano de filme da velha Metro.

Um clima guerreiro se infiltra nas famílias, a hostilidade e a provocação gratuitas se sentam à mesa e separam irmãos, aberração justificada como paixão, corroendo uma palavra que se associa mais facilmente ao amor do que ao ódio.

O adversário está deslizando perigosamente para o papel de inimigo, a competição para a guerra. Essa deriva extrapola o futebol e infesta a política. Nos estádios europeus, o insulto racista exprime de maneira particularmente cruel, sobretudo em tempos de crise, o ódio ao imigrante, bode expiatório de todos os males. Aqui e lá é de ódio que se trata, negação do outro como ser humano, reificado em alvo a ser destruído.

Os jogos são uma sublimação do instinto de competição que herdamos da difícil sobrevivência na selva. O respeito às regras, saber ganhar e perder, são conquistas de um pacto civilizatório. A violência das torcidas nos leva de volta a um passado simiesco.

A combinação literalmente explosiva de atos irresponsáveis com um clima generalizado de agressividade não é nada auspiciosa para o país que vai hospedar a Copa das Confederações, a Copa do Mundo e as Olimpíadas, cujo sentido profundo é a competição leal entre os melhores. As medidas de segurança contra possíveis atentados talvez não sejam mísseis antiaéreos, e sim o uso, urgente, de todos os recursos legais e educativos disponíveis para desarmar essa bomba impalpável que a violência acende para explodir nos estádios. O terrorismo das arquibancadas pode ser devastador.

Vimos convivendo com a violência sem perceber que, pouco a pouco, o que era minoritário propaga-se, se entranha nas relações, faz-se natural, vira um modo de ser e de se comportar. Pesquisa recente do MEC e da Fundação Lemann constatou, ao longo de um ano, 4.500 casos de professores agredidos por alunos nas salas de aula. No ano de 2011, 51.330 pessoas foram assassinadas no Brasil. São baixas de uma guerra civil.

A psicologia social ensina que um grupo de pessoas, ainda que minoritário, com a força da convicção sobre uma causa é capaz de influenciar a sociedade como um todo, construindo novas posturas e opiniões. As minorias destrutivas têm o mesmo poder. Desagregam sociedades, impõem-lhe seus padrões de comportamento, à sua imagem e semelhança.

A violência no Brasil é epidêmica e como tal tem que ser tratada: prevenção e cuidado com a contaminação. E severidade na punição a quem a propaga, o que é responsabilidade do governo, que deveria priorizar seu enfrentamento. A nossa responsabilidade, os que recusamos a selvageria, é dentro de nossas casas, nas relações interpessoais. Na rua, no cuidado com o espaço público, no trânsito. Para que não constatemos um dia, perplexos, que também nos tornamos violentos. Ou que somos nós, agora, a minoria e que eles ganharam a partida.

Viver em voz alta

Hoje tive saudades de Rubem Braga e de mim. Veio-me à memória uma quase menina devorando suas crônicas, em encantamento, iniciando-se à arte de viver em voz alta. Não é isso a crônica na perfeita definição do próprio Braga?

Rubem vivia em voz alta, falando pouco e escrevendo muito, cumprindo o ofício de construir, com os cacos do cotidiano, o vitral da história de cinco décadas, que abrigaram mundos tão diversos quanto a Revolução de 32, uma guerra mundial, os anos dourados de Copacabana e as amarguras de uma ditadura militar. "Eu vagara tanto pelo mundo que, ao despertar, não sabia em que leito, casa, país e tempo; e mesmo tinha de recompor minha ideia para saber se era feliz ou infeliz."

A mulher foi presença encantada em sua literatura e em sua vida, ainda que em sua porta anunciasse: "Aqui vive um solteiro feliz." E a nenhuma mulher ele chamaria Aldebarã. Esse ser quase mítico de "Ao crepúsculo, a mulher...", "menos uma pessoa que um sonho de onda, fantasia de luz entre nuvens, avideusa trêmula, evanescente e eterna". Ou o ser misterioso de "A viúva na praia".

Testemunha e intérprete, cronista não só de sobressaltos da história, mas também desses momentos de eternidade, apelos da beleza do mundo que se revelam no "amor aéreo" dos passarinhos, nas flores, nas borboletas amarelas ou no aparentemente banal de que é feita a tragédia humana, Rubem Braga alcançou, em seu texto, a excelência e universalidade da verdadeira arte literária.

Deu-se ao luxo da liberdade, escrever na forma em que melhor se exprimia, despreocupado do debate sobre os gêneros literários. Sua amiga Clarice Lispector escreveu em *Água viva* ser incapaz de definir seus próprios textos, disse improvisar, como no jazz, e concluiu: "Inútil querer me classificar: eu simplesmente escapulo não deixando, gênero não me pega mais."

Rubem Braga foi o melhor da crônica ou, melhor dizendo, da ficção breve. Ou que outra classificação se queira atribuir a esse escritor que recolhe, quando completaria cem anos, o reconhecimento e a homenagem unânime da crítica e dos leitores.

No mês de janeiro de 1990, a inevitável, a covarde, anunciou que lhe cortaria a voz com a arma insidiosa do câncer. Deu-se, então, outro luxo: se não pôde escolher quando morrer – e foi tão traiçoeira e prematura sua morte –, escolheu guardar a voz até o fim e gastá-la na conversa com os amigos, quem sabe nas últimas palavras do amor. Recusou a cirurgia, preferiu viver. Durar não.

Foi a liberdade a sua companheira – a ela terá chamado Aldebarã –, foi ela quem comandou seu estilo, seus temas, sua biografia. Essa liberdade que deixou marcas na menina que eu fui e que lhe deve o gosto da leitura, a sedução e a coragem da escrita. Reverencio sua memória, lendo e relendo seus textos, experimentando o mesmo prazer e descobrindo a cada reencontro uma frase, um pensamento, um olhar irônico, um fundo de tristeza, de melancolia que a juventude não reconhecia. Quanto mais a alma se afina, mais ele renasce em seus sempiternos leitores.

AQUARELA DO BRASIL

Livre terra de livres irmãos

DESCONFIO DE QUE PASSADAS as eleições a política vai murchar como um balão apagado. Até lá vamos roendo os ossos do ofício que é estar perto da notícia, acreditando que, aconteça o que acontecer, o Brasil em outubro não será diferente do que é hoje.
    Transformações são o trabalho de décadas de História. O país vem mudando, para melhor, há 15 anos. As eleições passarão sem sobressaltos, como convém às democracias. Depois, uns estarão felizes, outros não, mas o Brasil não terá deixado de ser essa nação extraordinária, feita de vários países que cantam na mesma língua o mesmo hino, vitral de culturas, ferida por desigualdades escandalosas, recheada de analfabetos e um punhado de grandes cientistas e artistas, múltiplas crenças, mas sempre a fé, mesmo no ateísmo, empresas hipermodernas e esgoto a céu aberto, campeão em células-tronco e em filas nos hospitais.
    Dessa matéria múltipla, informe e, por vezes, intragável somos feitos. Se tivéssemos colecionado todos os bonés que Lula usou em oito anos, entenderíamos melhor o seu sucesso de animador desse grande auditório. Dilma vai suar se for ela a comandar a massa.
    O Brasil tem muito a dizer em um mundo que oscila entre a violência da intolerância e a mediocridade. Nossa democracia é tosca, mas se decide entre os que desafiaram a ditadura. Do

fundo da floresta amazônica saiu uma mulher, fragílima e fortíssima, com uma visão planetária. Convenhamos, medíocres não somos.

Repetitiva, banal e vazia é a campanha eleitoral que sofre a maldição do espetáculo, com maus atores disputando o papel de herói ou heroína de uma novela sem poder de convicção que invade nossas casas, provocando um riso amargo.

O grande ausente nessa campanha é o futuro. O passado nos promete que amanhã o Brasil será São Paulo ontem ou o filme de propaganda de uma empresa de petróleo, relembrando os feitos – não os malfeitos – do governo que termina.

Que tipo de sociedade os candidatos propõem ao Brasil? Ninguém sabe. A campanha tem sido uma arena em que se disputa poder, e não projetos de futuro. Contrapõe políticos, partidos e governos e deixa de fora a sociedade que, em sua imensa complexidade, é a garantia de que o Brasil é maior que a Praça dos Três Poderes.

Os marqueteiros menosprezam a sociedade. Os personagens de aluguel, supostos representá-la, são caricatos em sua simplicidade ou bonomia mal ensaiada, seus arranques de gratidão aos governantes. Na vida real, somos menos tolos que esses falsos pobres.

Nesse não debate é aflitiva a hegemonia do econômico e da politicagem, o Brasil como Estado, e não como cultura. Ora, é nela que germina o que temos de melhor.

O país continuará sua história celebrando, com razão, a estabilidade da moeda e a redução da pobreza no marco da democracia, abrindo espaço para a criatividade de um povo que há anos se prova em engenhosas estratégias de sobrevivência, nas manifestações plurais de uma arte colorida e nos afetos em que se misturam todas as gamas de pele.

Há quem faça declaração de voto. Prefiro uma declaração de amor ao país dos meus sonhos, em que espero um dia viver e que, se é utópico, atende à utopia de que falava Ernst Bloch: o possível, que não está sendo porque não fizemos o que poderia e deveria ser feito.

A civilização brasileira teria a propor ao mundo o exemplo de que a mistura de peles e as religiões que coexistem ainda é a melhor receita para a paz. Tudo isso sobre um fundo verde, essa lucidez sobre o presente que assegura o futuro e que, tão urgente, ainda é de tão poucos.

Riqueza mais bem distribuída, autoestima e esperança que alimentam a alegria. O conhecimento também é riqueza, negada aos jovens. Socorro na doença e na desgraça que um dia chega a todos e a saúde no bem viver. A violência, uma exceção que escandaliza, e não o pão dormido de cada dia. O fim do medo e da impunidade. Justiça, rápida e confiável, porque sem ela a democracia é o governo do demo.

Uma cultura cidadã, a responsabilidade de cada um se autogovernar e se exprimir ética e esteticamente. Bethânia declamando Guimarães Rosa. E Regina Casé abrindo o pano da periferia que ferve.

Livre terra de livres irmãos. Onde o presidente é um ator – importantíssimo, é certo –, mas um entre outros. Pode muito, mas não pode tudo. Quem sentir a tentação autoritária – e o risco existe – lembre-se que, mesmo fantasiada de interesse coletivo, encontrará ojeriza e resistência. A unanimidade é burra, já foi dito. De olhos e ouvidos abertos, estão todos aqueles que só respiram em liberdade.

Quem diria...

QUEM DIRIA, O VOTO DAS MULHERES talvez decida as eleições para a Presidência da República. Como foi longo o caminho que fez delas setenta milhões de eleitoras em um pleito em que, até agora, são majoritárias entre os candidatos. Como o Brasil mudou!

Uma questão atravessa os espíritos: como elas votarão? Ficou para trás o tempo em que um político influente, alertado por mim sobre a importância das eleitoras que trazem consigo desejos e expectativas próprias, garantiu-me que elas "votavam com os maridos". Ledo engano. Aquele um quarto das famílias brasileiras que vivem de um salário feminino não tem em casa um marido ditando o voto. E, com toda certeza, não é preciso não ter marido para pensar com a própria cabeça.

Ai de quem não reconhecer que uma revolução de mentalidades fez do mercado de trabalho um espaço feminizado, tornando problemática a organização das famílias e as interseções entre o mundo do trabalho e o da casa. Que as famílias, hoje, múltiplas e insolitamente desenhadas, já não são a moldura padrão que enquadrava uma mulher submissa aos desígnios de um provedor. Uso essa palavra e sei que a eleitora de vinte anos, perplexa, pensará na Internet.

Quem é essa mulher brasileira que vai votar em Fulano ou Beltrana, quais as suas motivações? Eis a caixa-preta das eleições de outubro.

Nunca acreditei que a mulher era um homem como outro qualquer. Sei, por experiência própria, que o mundo das mulheres guarda muitos segredos, não ditos, mas vividos, que afligem mesmo aquelas que, imigrantes – às vezes exiladas – no mundo dos homens, falam masculino sem sotaque.

As mulheres habitam um corpo cujo destino é desdobrar-se em outros. O útero é o primeiro meio ambiente que o ser humano conhece e não por acaso o corpo tem tamanha importância na vida das mulheres.

As escolhas sobre a maternidade, as condições da gravidez e do parto, as leis que tolhem ou propiciam liberdades, o temor atávico da violência sexual ocupam, em suas vidas, uma centralidade. Sejam elas quem forem, ricas ou pobres, essas preocupações são assunto de confidência, às vezes nas sombras. Tudo que, na vida das sociedades, tangencia essa inarredável realidade do corpo feminino é, para elas, política e pesa na decisão.

Habitando esse corpo, as mulheres trabalham aparentemente como um homem qualquer. O trabalho articula-se a uma vida privada que elas garantem e protegem, mas cuidadosamente ocultam como se fosse um ilícito, tamanho é o temor de que ela se constitua no defeito que as desqualifica como trabalhadoras.

Nosso país estabeleceu consensos contraditórios: estimulou as mulheres a estudar e trabalhar e esqueceu de acompanhar essas reformas modernizadoras de estruturas que tornassem a vida familiar viável, e não o ponto cego das relações sociais. Para além da expectativa elementar do cumprimento do preceito constitucional de igualdade – a trabalho igual, salário igual –, no cotidiano das mulheres se esconde uma demanda de inteligência no repensar o mundo do trabalho – para homens e mulheres – que faria os lares mais felizes e a sociedade menos inóspita. Quem terá essa imaginação?

Muito aflige as mulheres a violência das ruas. Quem tem filhos adolescentes dorme mal. A segurança não é um problema abstrato que os especialistas discutem. É uma angústia diária, um desamparo. Uma amiga me disse que felicidade é ouvir, de madrugada, o barulho da chave na porta, quando a filha chega. Viva.

Não é um privilégio das mulheres temer pelos filhos, mas já que o mapa eleitoral nos fala de milhões de balzaquianas, massa crítica que decidiria as eleições, há que registrar que, para essas, o dia a dia da juventude, escolas que acolham, protejam e ensinem, a possibilidade de um emprego, de um projeto de futuro honesto, um sentido para a vida a que convidaria uma sociedade revitalizada pela ética são expectativas maternas, às vezes silenciosas, mas nem por isso menos intensas e esperançosas.

Estranhos assuntos esses, tão marginais às chamadas questões nacionais em que se centra o debate político. É que eles fervilham no pré-sal da existência humana, a camada mais submersa, talvez a mais rica.

Tomara que as balzaquianas forcem, nessas eleições, a vinda à tona desses temas menosprezados e que exprimem a cultura feminina, esse ruído surdo que sobe das conversas de setenta milhões de brasileiras. Há muito os governantes, se tivessem juízo, já lhes teriam dado a prioridade que merecem. Quem o fizer estará restabelecendo algo a que elas aspiram, e muito: escuta e respeito.

Três mitos e um enigma

NO FIM DO DEBATE entre Dilma e Serra na Band, fosse eu cartunista, desenharia os dois candidatos à Presidência da República à deriva, acertando murros na cara da plateia. Tentando atingir-se mutuamente, atingiram a nós, eleitores, vítimas de explícita manipulação. Amigos que acreditam sinceramente em Deus e o têm em seus corações, vendo o seu Santo Nome usado em vão, disseram sentir-se ofendidos. Em vão, no duplo sentido, porque dificilmente será convincente um fervor improvisado à última hora.

Há algo de sacrílego na maneira como é cortejado o eleitorado religioso.

A devoção simulada não o respeita, o que seria uma obrigação democrática; ao contrário, desrespeita, tentando enganá-lo. A impostura tem pernas curtas. O YouTube está aí, que não nos deixa mentir.

Pouco se aprendeu da preciosa herança que a votação de Marina deixou nesta eleição: o poder da convicção verdadeira que desmascara a pantomima em que o marketing transformou a política. Um enigma não decifrado.

Se a intenção é apropriar-se dos votos de Marina, cuja religiosidade não data de ontem – e não foi nem escondida nem apregoada –, há que lembrar que, se muitos votaram nela por afinidade com sua espiritualidade, outros tantos, laicos, votaram em suas ideias, na honestidade de seus princípios e no frescor que trazia à política. A boa notícia é que a perversão da política está fazendo água.

Três mitos ruíram no primeiro turno. O primeiro, a decantada unanimidade em torno de Lula. Apesar de ter jogado na campanha todo o seu prestígio, sua colorida coleção de bonés e seu charme folclórico, a candidata para quem pede votos como para si mesmo pena para atingir a maioria. Tanto melhor. A pluralidade é de melhor augúrio para a democracia do que um *condottiere* e seu cortejo de adoradores.

O segundo, a confiabilidade das pesquisas. Empresas que cobram os olhos da cara por seus serviços e entregam um produto defeituoso deveriam pesquisar sobre a sua própria imagem. Descobririam o quanto anda abalado seu prestígio. Na certa, estão entre os perdedores desta eleição.

O terceiro, a força do marketing, que desenha seus frankensteins para agradar ao grande público. Identidades e histórias se diluem, a conselho de uma pretensa ciência que promete detectar, dia a dia, o errático humor do eleitorado. Então, já não são os candidatos que convencem o eleitor da justeza de suas posições, mas uma opinião mediana que lhes dita quem eles devem se tornar. Custe o que custar à sua dignidade pessoal e mesmo ao preço do ridículo.

As peças publicitárias os aproximam quando, de fato, são tão diferentes.

Qual dos dois lavará mais branco? O efeito surpresa da candidatura Marina foi justamente não ter se submetido a essa regra do jogo.

O que os bruxos da psicologia de massas não captam é a exaustão de um modelo, a repulsa à propaganda enganosa, à banalização de temas graves, o enjoo com seus ventríloquos e pirotecnias que obscurecem o debate de ideias.

Os marqueteiros subestimam a inteligência do eleitorado. Pouco sabem da incerteza que a internet trouxe à comunicação. São principiantes nesse mundo atomizado de indivíduos que, como quanta, se movem imprevisíveis. Suas técnicas são as de um mundo balizado, uma tela em que só eles falam dando o seu pífio recado para um público espectador.

Não captam a agonia da sociedade de massas e a dinâmica da sociedade em rede. Como veios de água que minam a encosta, e-mails veiculam a verdade de cada um – nem sempre verdadeira –, mas com um potencial incalculável de impacto na opinião.

E se o marketing fosse impotente fora das regras definidas em que sempre atuou? E se a espontaneidade gerasse emoção? E se a emoção se espraiasse na conversa de quem confronta ideias no caos das redes? E se daí brotassem os votos de gente diversa cujo denominador comum é a aspiração ao novo e o repúdio à hipocrisia? E se Maquiavel vagasse perdido no espaço virtual? Um marqueteiro referiu-se a Marina Silva como uma nova marca cujo valor teria subido no mercado. No mundo do compra e vende, faz sentido. Num universo mais amplo, é um imenso erro conceitual de quem só aprendeu a ler os fatos pela cartilha da sua escola.

A teoria só encontra o que procura, o que não procura não vê. O sucesso de Marina vem de outra lógica que ela, na contramão da propaganda, inscreveu na agenda do país. Há que decifrá-la. Ou ser devorado. Uma pista para os finalistas, já que ainda há tempo de voltar a si, literalmente: tudo que é raro é caro.

Essa palavra que o sonho humano alimenta

HOJE AS RUAS AMANHECERÃO repletas e coloridas. Panfletos e bandeiras tentarão, na última hora, seduzir os indecisos. Pede-se votos como esmolas. Haverá tensão no ar, ao fim da tarde as bocas de urna anunciarão sucessos e desencantos. Não há que negar, é um dia eletrizante, vai ser eleito alguém que governará o Brasil.

Quem sofreu os anos de ditadura militar valoriza essa euforia eleitoral mesmo gargalhando ou deprimindo-se com as palhaçadas, o desfile de candidatos patéticos, saídos não se sabe de que circo de horrores, que postulam uma autoridade legislativa. Eles pretendem decidir por mim e por você, fazer as leis que teremos de respeitar. Há um fundo de absurdo em tudo isso que vai exigir que, pouco a pouco, se afine a democracia representativa. Porém, bem mais indigestos foram os tempos em que um bando de generais decidia sobre o lícito e o ilícito e nomeava governadores e senadores. Quem teve a sorte de não passar por isso não provou do gosto amargo do chumbo. Eu provei, por isso celebro as eleições como um dia de festa.

O poder, as pompas do cargo, a caneta das nomeações irão a quem tiver mais votos. É a regra do jogo e assim será. Por mais que a política esteja desmoralizada, que nos virem o estômago os olhares doces, as caras "confiáveis", as promessas – ah, as promessas –, os anúncios de um futuro radioso e a gratidão dos falsos populares pelo bem que já lhe fizeram os generosos candidatos, por mais que os marqueteiros abusem da impostura e do deboche, quero estar nessa festa.

Antes do que em uma pessoa, declaro meu voto na liberdade. Na força da diversidade, que fatalmente discorda e argumenta, na indomável opinião pública. Voto no debate de ideias – tão ausente nessa campanha em que se disputa poder, e não projetos. Amanhã a vida cobrará de todos nós definições sobre tal ou qual assunto e é bom que pensemos diferentemente, já que a unanimidade é burra e estéril. Não há que confundir o poder de quem for morar no Alvorada com o poder dessa fantástica mistura de ricos e pobres, gente de todas as cores, culturas locais, analfabetos e cientistas, religiosos e ateus, homens e mulheres, essa coisa sem equivalente que somos nós, a sociedade brasileira. Ela é muito maior que a Praça dos Três Poderes.

Os eleitos governarão, quem votou nos que perderem continuará governando a si mesmo, sua vida, suas atividades privadas ou de interesse público. O inegociável é que o façam sem peias ou censura. Voto e faço campanha pela liberdade, "essa palavra que o sonho humano alimenta, que não há quem explique e ninguém que não entenda". Cecília Meireles, no seu inesquecível *Romanceiro da Inconfidência*, explica e eu entendi.

Descendo a rua, a caminho da seção eleitoral, é na liberdade que pensarei, nesse sentimento que parece já nascer conosco, legado de todos que ao longo da história lutaram por seus desejos e convicções para simplesmente ser e se encontrar, na contramão das expectativas de uma família, de uma classe, uma religião, um sexo, um governo.

Pensarei na corrida de obstáculos em que, com nossas escolhas corajosas ou medos e renúncias paralisantes, para o bem ou para o mal, escrevemos nossa autobiografia. Escolhas são uma bênção, um susto e um risco. Nos pesa no coração a responsabilidade de cada ato ou gesto.

Sozinhas na cabine, estaremos eu e uma urna eletrônica. Digitarei um número sabendo que, de certa forma, digito minha própria história, meu passado e meu destino. Será um gesto solene que não farei sem emoção. A cada eleição temo errar o número – medo infantil –, como temi não engolir a hóstia colada no céu da boca, na minha primeira comunhão. São erros imperdoáveis que nos mandam para o inferno.

Diluída minha vontade na de milhões e milhões de brasileiros, meu sentimento deveria ser o de impotência e irrelevância. Quem sou eu, um votinho entre tantos outros, tanta gente que me é dessemelhante. Mas não é assim. Oscilo entre o sentimento de solidão, eu que guardo escondido o desenho utópico de um governo ideal, e o pertencimento humilde ao que a vida real nos oferece. Lembro o quanto briguei por isso e voto com alegria.

A avó e a petroleira

SER MULHER JÁ NÃO É um imperdoável defeito. Cinquenta e cinco milhões de brasileiros elegeram uma presidente. Injusto talvez esperar de uma mulher o que não se exige dos homens, mas essa escolha, por seu caráter inaugural, legitima expectativas. Na equipe de transição, a presença das mulheres é expressiva. Se persistir esse espírito na composição do ministério, ganhará a democracia.

Dilma Rousseff, com sua competência gerencial, pode garantir ao Brasil a continuidade do governo Lula. Mais do mesmo. Seria pouco, um desperdício de sua chance histórica. Tomara que esteja à altura de outro destino possível: encarnar a emergência do feminino na cultura brasileira. O que não se esgota na presença quantitativa das mulheres.

Trata-se agora de inscrever na agenda política o lado oculto da sociedade que elas representam. Para alcançar a igualdade de oportunidades entre homens e mulheres que Dilma define como essencial à democracia, e é, terá que virar os problemas pelo avesso.

A cultura feminina está em nós como um avesso, presente, mas invisível, útil, mas secundária. E se essa cultura escondida e reprimida se fizesse fio de um tecido novo que viesse substituir a esgarçada trama da política?

O passado não recomenda ilusões. As mulheres que chegaram ao poder vestiram o figurino de um político banal. O velho equívoco do mimetismo, assumindo o feminino como o "defeito" de um sexo que não seria senão o negativo do outro. Subscreveram um critério de simetria, buscando reconhecimento em nome da capacidade de ser como o outro, e não de ser outro.

A sociedade brasileira emite mensagens contraditórias. Projeta na presidente, ao mesmo tempo, os estereótipos do homem e da mulher. Ora um capacete da Petrobras, ora um neto recém-nascido nos braços. Quem vai governar o Brasil: a petroleira ou a avó? Ambas? Não é esse o conflito de identidade de todas as mulheres?

Sobre Dilma correm lendas, que ela, com razão, ironiza, definindo-se como uma mulher muito dura cercada de homens muito doces. Ninguém duvida de sua capacidade de afirmar autoridade no mundo dos homens, de se fazer mesmo temer, quando não respeitar.

Em seu primeiro pronunciamento depois de eleita, definiu a preocupação com as pessoas como o cerne de seu governo. E acrescentou que honraria as mulheres. Dilma entende de pré-sal e de energia. Há outros desafios: desenterrar o que está mais oculto que o pré-sal, o que mais consome energia humana: a defeituosa articulação entre o público e o privado.

A cultura feminina se nutre das relações humanas mais próximas, dos cuidados, dos afetos. Entende de boa ou má qualidade de vida. É justamente aí que os sintomas de crise se acumulam na volatilidade dos núcleos familiares, no descaminho dos jovens, na assustadora solidão dos idosos. No cotidiano desenfreado de homens e mulheres estiolam-se vínculos fundamentais.

Um mercado de trabalho feminizado a quase 50%, a presença crescente nas universidades e setores estratégicos, como a mídia e a pesquisa científica, tudo atesta a gigantesca e irreversível migração das mulheres da vida privada para o mundo do trabalho. O país não passa recibo de quanto essa migração afeta as famílias. Não faz creches, não acolhe os idosos. A vida das famílias se organiza, aos trancos e barrancos, em função do mundo do trabalho como ele é, como sempre foi, como se nada tivesse mudado.

Os laços entre vida privada e profissional se transformaram em um nó que não pode ser desatado na intimidade dos lares, mas no espaço público cujo modo de funcionamento tem que ser adequado à nova configuração familiar. O mundo do trabalho terá que experimentar novos modos de gestão e organização nas empresas, a administração pública testar novas temporalidades em benefício de quem usa seus serviços.

A conciliação entre vida profissional e vida privada é um núcleo problemático da sociedade brasileira, invisível como tudo que machuca a existência feminina, sobretudo na pobreza. Honrar as mulheres é contribuir para desfazer esse nó.

Um problema só apela por solução quando é reconhecido como tal. Nos anos de chefia da Casa Civil, o assunto não existiu. Presidente, ela agora faz a pauta. Com ouvido atento às demandas que sobem da sociedade e uma boa dose de imaginação, o governo pode conceber e impulsionar uma estratégia, um conjunto de políticas que aliviem o cotidiano atormentado de homens e mulheres.

Será Dilma capaz, em nome da preocupação com as pessoas e da atenção às mulheres, de liderar um Programa de Desaceleração do Cotidiano?

Grande Brasil: veredas

"O QUE A VIDA quer da gente é coragem." Guimarães Rosa, que sabia que viver é muito perigoso, escreveu que a vida aperta e afrouxa, esquenta e esfria. A presidenta do Brasil escolheu citar essa passagem como uma espécie de resumo da sua trajetória. Das mãos dos torturadores ao Palácio da Alvorada, a presidenta sabe bem do que fala.

Que bálsamo encontrar Rosa em um discurso de posse! Ele veio no fim, depois da travessia do grande sertão que é o programa de governo, os conflitos não ditos e os enfáticos compromissos, confirmando o renome de competência técnica.

Pequenas frases terão passado despercebidas, relegadas à retórica impertinente. Não são. Pertencem a uma outra esfera, imaterial, metapolítica. São elas que me interessam aqui, essas veredas que indicam uma direção inesperada e que deram à fala da presidenta, em alguns momentos, um *élan* que provém menos das sugestões de uma boa assessoria do que de algum recôndito lugar, talvez da memória, onde foi buscar o que de fato lhe pertence.

"Mulher não é só coragem, é carinho também." Coragem e carinho sustentando a fala de quem anuncia a intenção de honrar as mulheres. Boa notícia para a gente brasileira que já conheceu tanta covardia e maus-tratos.

A dimensão do sonho no discurso da presidenta, conhecida por seu senso prático e resolutivo, tampouco é irrelevante. Sonhar uma democracia moderna, garantidas as liberdades políticas, de expressão e de imprensa, já seria auspicioso. Melhor se vivida na clave da cultura brasileira, a generosidade, a criatividade e a tolerância, apostando na ousadia e invenção, para além da "cautela racional". A vida é sonho, disse o grande Calderón. Quem não é capaz de sonhar não merece o poder. Quem só é capaz disso também não.

Reconhecer nos traços da identidade cultural brasileira instrumentos para a construção do futuro pode facilitar e muito sua tarefa. Porque não é só com o mensurável, com os números da economia – essenciais, é certo – que se constrói um país. Não se trata de ingenuidade, mas de considerar outras variáveis. Pertencimento e participação são a liga do bom governo.

Governar é muito perigoso. Governar não é coisa só para o governo. Foi bom ouvir que o destino do Brasil – o nosso, afinal – será o que fizermos todos, e não apenas os funcionários de Brasília ou os crentes de um só partido.

O Brasil no mundo, se de fato se compromete com direitos humanos – "bandeira sagrada de todos os povos" –, deixa para trás os tempos de afagos no companheiro Ahmadinejad. Se não espera pelos outros e se perde em picuinhas para dotar-se de uma política efetiva de preservação ambiental, mas o faz porque é compromisso universal, ganha liderança na mais aguda e significativa crise global. Valores, mais que *realpolitik*, podem ser bons conselheiros.

Dilma despertou esperanças. Esperança não é um sentimento passivo, é parte ativa da realidade que se quer construir, desse acervo imaterial que é tão decisivo na história das nações. Um discurso não faz milagres. As esperanças que despertou estavam latentes.

Fica a perplexidade: como cumprir essa coragem e exercer o carinho pelo povo com o ministério que escolheu ou que lhe impuseram goela abaixo? Entre a limpidez do discurso e a mediocridade da foto oficial, salpicada de carcomidos, cai-se no abismo da dúvida. Sua democracia moderna já vem com cheiro de mofo. "Daí, de repente, quem mandava em mim já eram os meus avessos."

A história é bem conhecida. A vitória tem o preço da composição partidária e a conta costuma ser salgada. Há quem veja nisto a fatalidade do jogo da política. Um outro olhar enxerga aí um beco sem saída em que a democracia é assaltada. Literalmente. Postos e nomeações são o butim. "A gente quer passar um rio a nado, e passa, mas vai dar na outra banda em um ponto mais embaixo, do que em primeiro se pensou. Viver não é muito perigoso?"

Para honrar sua palavra de mulher, Dilma vai ter que enfrentar este paradoxo da vitória que ameaça derrotá-la. Coragem não lhe falta. Tomara que não falte a inventividade que prometeu, aplicando-a para escapar desse impasse. "O mais importante e bonito do mundo é isso: que as pessoas não estão sempre iguais, ainda não foram terminadas, mas que elas vão sempre mudando. Afinam ou desafinam."

Desejo-lhe, neste início de mandato, que vá sempre mudando e não desafine. Que continue lendo e relendo o *Grande sertão* e continue a falar em carinho porque "qualquer amor já é um pouquinho de saúde, um descanso na loucura". Que Rosa a acompanhe.

Baile de máscaras

E JÁ QUE É CARNAVAL, é tempo de escolher máscaras. Oscar Wilde dizia que a máscara escolhida diz mais sobre alguém que qualquer autobiografia. Percebeu que as autobiografias não são mais que uma sucessão de máscaras que ilustram nossos muitos carnavais.

As máscaras seduzem pelo mistério que desafia a imaginação. Milenares, por quanto tempo ainda sobreviverão em tempos de Facebook, onde todos mostram a cara, instalando o reino do banal e uma suposta e duvidosa transparência, que tudo revela em tempo real? Se não aproxima, pelo menos embaralha gente que não se conhece e vai tropeçando nos passos uns dos outros.

Não será o Facebook um baile de máscaras invisíveis? Paradoxal, esse mundo novíssimo e intrigante, instrumento de revoluções libertárias e de enlouquecimento dos ditadores, convive com velhíssimos sentimentos: Pierrôs inconfessos perseguem, na rede, esquivas Colombinas.

A máscara de Colombina que buscava encontrar sua calma dando a Arlequim o seu corpo e a Pierrô sua alma caiu no ostracismo. Quem hoje assumiria o papel do apaixonado, que vivia só cantando e, por causa de uma Colombina, acabou chorando? Ninguém.

O paradigma amoroso em tempos de Facebook é o do Arlequim, seus losangos coloridos que evocam a astúcia de ser múltiplo, sua identidade flex, seu caráter inconstante e enganador, sumindo e reaparecendo onde menos se espera. Sem compromisso ou permanência, regido pelo instante, o mundo virtual tem uma natureza arlequinal. Faltam-lhe, entretanto, a elegância e a galanteria, gestos do Arlequim que foram ficando pelo caminho como confetes pisoteados.

A trama virtual inscreve suas leis nas relações de carne e osso. O meio é a mensagem. Me beija que eu não sou Pierrô. Amores deletáveis.

Na concreção das ruas, os foliões também descartaram os emblemáticos heróis da *Commedia dell'Arte*. A máscara feminina mais vendida esse ano foi a de Dilma Rousseff. Ex-Colombinas transformadas em presidentes da República formam um insólito bloco, herdeiro das ruidosas passeatas feministas que, há trinta anos, instalaram um inesperado carnaval na ordem amorosa. De lá para cá, o bloco esquentou. Haverá folia em Brasília, já que, neste ano, o Dia Internacional da Mulher cai na Terça-feira Gorda. Fantasias, no sentido do desejo, nessa época sempre foram de praxe. Na Quarta-feira de Cinzas, volta às ruas, como sempre, o bloco "Quem sustenta a casa sou eu".

Esse vem sempre no fim do desfile, sem esplendores nem adereços, envergando uma camiseta modesta e o indefectível blue jeans. Empurra o carro alegórico do País Emergente que Chegou Lá, faz uma força sobre-humana e, no entanto, ninguém aplaude. A concentração é nas filas dos ônibus, nas estações do metrô, na porta das fábricas e escritórios. Tornou-se imenso, incorporou uma importante ala da classe média e vai desfilar ao longo de todo o mandato da presidenta, entoando o refrão do "Abre alas que eu quero passar".

Em todo o Brasil, haverá milhões de máscaras de Dilma olhando para Dilma. Pode ser o sonho da popularidade ou o pesadelo de esbarrar em todo canto com o próprio rosto, em outro corpo, metáfora de milhões de vidas que, para bem governar, terá de assumir como suas. Entrar na pele das mulheres brasileiras assim como elas assumem o seu rosto. Nesse pesadelo não há porta de saída, é um eterno confrontar-se a si mesma, um olhar de mil olhos que nunca adormecem.

No teatro grego, as máscaras não eram apenas disfarces, eram caixas de ressonância para melhor fazer ouvir os sentimentos, tragédia ou comédia. As modestas máscaras de papel, que o mulherio pobre compra nos camelôs, não tem ressonância nenhuma, mas dizem alguma coisa que, até hoje, ninguém ouviu e caiu no vazio. Agora, elas esperam da presidenta o papel de porta-estandarte.

O enredo que Dilma anuncia desde que envergou a faixa verde e amarela é o da erradicação da miséria extrema. Essa tem o rosto de uma mulher negra que leva pela mão seus muitos filhos. As pesquisas e estatísticas são taxativas. É o bloco do "Lata d'água na cabeça", das que sobem o morro, não se cansam e pela mão levam a criança.

"Lata d'água na cabeça" foi a marchinha campeã de 1952, cantada por Marlene, então Rainha do Carnaval. Contava a história de Maria, que subia o morro, lutando pelo pão de cada dia, sonhando com a vida do asfalto que acaba onde o morro principia. É ela que, há quase sessenta anos, povoa as estatísticas da miséria extrema. Ou a presidenta tira o atraso e dissolve esse bloco ou perde o passo e deixa cair o estandarte.

As cavalariças da política

QUEM LEU OS *Doze trabalhos de Hércules* vai se lembrar do quinto desafio: limpar as cavalariças do rei Áugias, que abrigavam a mais numerosa manada de cavalos da Grécia antiga. Como o rei não limpava as estrebarias, ao longo do tempo foi se acumulando uma espessa camada de esterco que exalava terrível mau cheiro. Qualquer tentativa de remover a imundície liberava gases venenosos. Hércules encontrou uma solução original: desviar o curso de dois rios, que, com o ímpeto de suas águas, limparam as cavalariças.

Enfrentar a corrupção, remover esse esterco é trabalho hercúleo. Vai exigir de nós, brasileiros, uma energia que, distraídos e conformados, não temos demonstrado. Por que aceitamos a corrupção? Como não percebemos, pobres otários, que nos batem a carteira?

Faltava estabelecer o elo de causa e efeito que a mídia vem sublinhando entre o desgosto cotidiano com os serviços públicos e os patrimônios privados que se multiplicam surfando em um mar de lama e cinismo. Talvez fosse a ausência desse elo que explicasse o aparente imobilismo.

Ainda não nos habituamos a reconhecer nos que, ocupando postos públicos, roubam, deixam roubar ou não punem quem rouba os bandidos que são. Mais do que falsos espertos que nem as tragédias comovem – ao contrário, delas se aproveitam –, são criminosos de alta periculosidade. Cada brasileiro está sendo assaltado por um bandido sem revólver.

A corrupção faz escola e impede que se façam escolas. Crianças e doentes são as principais vítimas.

Reagimos a cada nova denúncia como se fossem fatos esparsos, fragmentos de mais um dia. Não são. A corrupção é um só e imenso escândalo em vários atos em que se vai desvelando a transformação do Estado e da política em balcão de negócios. Cada obra pública, uma oportunidade para um malfeito. Cada cargo público, um lugar privilegiado para vantagens ilícitas.

Tudo isso num clima de deboche, de magoados fazendo muxoxos porque perderam postos e ameaçam se vingar tornando o país ingovernável. Tudo às claras porque a plateia, que somos nós, está ali para assistir, rir ou chorar... e pagar.

A corrupção é a grande ameaça que pesa hoje sobre o nosso futuro. O Brasil vem desfazendo sucessivos nós. A pobreza mobilizou a indignação dos que a recusavam como parte da paisagem, e a paisagem mudou. Na ditadura militar, descobrimos que a liberdade é como o ar que só parece indispensável quando nos falta. A censura encobria não só a tortura, mas também a corrupção. Restabelecemos a democracia.

A estabilidade econômica deu um golpe certeiro nas malandragens instaladas nas brechas da desordem da inflação. A exasperação da sociedade com a violência urbana, a honestidade e a coragem de um secretário de segurança desmentiram lendas sobre exércitos mais bem armados do que o próprio Exército e territórios inexpugnáveis.

Assim foi-se construindo o país de que hoje começamos a nos orgulhar. O enfrentamento da corrupção é condição de preservação da democracia e esperança de regeneração da política. Contanto que superemos o sentimento de impotência e desesperança que a impunidade espalhou.

Foi duro para os signatários do Ficha Limpa ver um bando de Ali Babás sendo empossados. Não falta indignação, faltam os mecanismos que facilitem a coagulação desse sentimento fluido, falta a tradução desse desejo latente em ação eficaz.

Contamos com aliados preciosos. A mídia que, atenta, denuncia; o Ministério Público que investiga; a parte viva do Judiciário que, como uma célula-tronco, pode regenerar seus tecidos mortos, punindo sem conivências.

Mas falta alguém. A presidenta da República, que, em seu discurso de posse, prometeu ser implacável com a corrupção. Se assumir essa tarefa hercúlea, catalisará o que há de melhor no país, em todos os partidos, gêneros e gerações. Criará um fato político inaugural, colhendo um apoio amplo e surpreendente na sociedade.

Os políticos se habituaram a negociar na viscosidade dos conchavos de gabinete, onde a chantagem é a regra. Quando a sociedade entra no jogo, se movimenta, é como um rio em cheia capaz de dispersar esses gases venenosos. A presidenta terá desviado o curso dos rios.

Caso contrário, temo – e lamentaria – que seu governo, refém de um sistema político caduco, se estiole numa sucessão de escândalos que faria do futuro uma volta ao passado. Sua biografia não merece esse desastre. Nem aqueles que esperam tanto de uma mulher no poder.

O poder do dinheiro

Michael J. Sandel, cujos cursos em Harvard atraem multidões e está longe de ser um inimigo do livre mercado, propõe em seu livro *O que o dinheiro não compra* um debate essencial sobre os espaços que o dinheiro não deve invadir.

Relata, entre irônico e amargo, que nos Estados Unidos, onde o mercado é rei, o *upgrade* em uma cela carcerária sai por módicos 82 dólares por noite. Sem aflições éticas, médicos, por sua vez, praticam uma "medicina de butique". Trocando em miúdos, por uma taxa que varia entre 1.500 e 25 mil dólares anuais os pacientes adquirem uma assinatura pela qual têm acesso ao celular de seu médico e garantia de atendimento prioritário. Quem não pode pagar vai para o fim da fila ou procura outro médico. O juramento de Hipócrates já era.

Quem precisa de dinheiro tem a opção de vender um rim ou servir, nos laboratórios farmacêuticos, de cobaia humana para novos medicamentos pela tarifa de 7.500 dólares. Se tudo isso se faz às claras é que a sociedade americana absorveu o princípio de que tudo está à venda e tem seu preço.

Sandel dá ao seu livro o subtítulo *Os limites morais do mercado*. Reflexão oportuna entre nós, no momento em que o Supremo Tribunal Federal começa a julgar os 38 réus acusados pelo procurador-geral da República de comprar e vender votos no Congresso Nacional. Oportuna porque o mensalão é o melhor exemplo de invasão e perversão pela lógica da compra e venda de um espaço que lhe deveria ser impermeável.

O tribunal vai julgar se a acusação procede e, em que medida, para cada um dos réus. Se, julgada procedente, ainda assim houvesse complacência na punição, uma impunidade disfarçada, o ricochete na sociedade brasileira seria devastador. Em vertiginosa espiral descendente, correria um rastilho de corrupção, absorvida na cultura, transformando cada lugar de poder em um próspero balcão de negócios.

Sendo possível comprar, impunemente, o voto de alguns parlamentares, por que todos – salvo por questões de consciência individual – cedo ou tarde não venderiam os seus? O voto, transformado em produto, seria cotado segundo as vantagens em jogo, sujeito a uma avaliação em dinheiro. A lucratividade da carreira política atrairia a elite dos velhacos. O Congresso ganharia a animação de uma feira livre em que as leis seriam vendidas a peso de ouro, talhadas na medida dos interesses de quem as comprou. Difícil imaginar ultraje maior à democracia.

A exemplo do Legislativo, transformado em feira, por que um juiz não venderia uma sentença? Por que um guarda de trânsito não rasgaria a multa em troca de uma propina? Ou o policial de uma UPP não receberia dinheiro e deixaria os traficantes trabalharem em paz? O que impediria, no Executivo, qualquer funcionário federal, estadual ou municipal de fraudar uma licitação, facilitar a solução de um problema ou conceder qualquer outra benesse que a inventividade brasileira não teria dificuldade de imaginar?

Se o dinheiro pudesse comprar o que não deveria jamais estar à venda, ganharia tal centralidade na vida da sociedade que ninguém se conformaria de não tê-lo e o buscaria a qualquer preço. Nessa corrida do ouro, a sociedade se tornaria cada vez mais violenta e inescrupulosa. Impunidade, corrupção e violência se retroalimentariam. Abominável mundo novo em que um socorro urgente que alivie a dor, o voto de um deputado, a sentença de um juiz, tudo se equivaleria na condição de produto oferecido a quem der mais.

A compra do voto de um parlamentar para neutralizar a oposição e eternizar um partido no poder é a quintessência do desprezo pela democracia que, por definição, viceja no campo argumentativo dos conflitos de interesses e ideias. Absolvê-la é dar o sinal verde para a generalização da lógica do *tudo se compra, tudo se vende*, deriva que nos levaria, imperceptivelmente, a deslizar de uma economia de mercado a uma sociedade de mercado.

Na sociedade de mercado, quem insiste em definir, como um imperativo ético, que espaços ou relações devem ser infensos ao poder do dinheiro entra no rol dos ingênuos e retrógrados que não entenderam como funciona o mundo contemporâneo. Normas éticas e gestos de solidariedade, que dão sentido e coesão à convivência entre pessoas, se transformam em peças de um museu que ninguém mais visita. Cabe ao dinheiro e somente a ele dar forma ao presente e ao futuro.

Resquícios de esperança e a vontade de dar uma chance ao futuro me levaram a falar deste risco no condicional. A sentença do STF dirá se é tempo de passar ao presente do indicativo.

As vítimas falam por si

Elie Wiesel, sobrevivente de Auschwitz, Prêmio Nobel da Paz, perguntado se falava em nome dos mortos, respondeu que não. "Ninguém fala em nome dos mortos, os mortos falam por si." E acrescentou: "Resta saber se os vivos são capazes de ouvi-los." Ninguém fala em nome dos mortos, desaparecidos e torturados, vítimas da ditadura militar brasileira. Eles falarão por si mesmos agora que o Estado brasileiro finalmente decidiu-se a ouvi-los.

Há quem critique a criação da Comissão da Verdade, que estaria reabrindo inutilmente uma ferida. Enganam-se. A ferida existe e não há remédio para cicatrizá-la senão a memória e a verdade. Ou alguém acreditou que mortos sem sepultura se calariam?

Cada geração, atravessada pela tragédia, reencena sua Antígona, a recusa visceral de deixar insepultos os entes queridos. Uma geração foi ferida pela tragédia e precisa enterrar seus mortos, em sentido estrito e metafórico. Ao contrário do que se teme, este é o caminho da verdadeira reconciliação, ainda que seja, e é, um caminho doloroso. Se a comissão não tem o poder de punir, no sentido de processar criminalmente e condenar, as verdades que virão à tona, punirão, sim, com a condenação moral.

Os atos bárbaros que foram perpetrados pela ditadura militar e para os quais seus agentes, sem assumi-los, invocam justificativas – estranho paradoxo: atos que não teriam existido são justificados – de tão vergonhosos se praticavam em porões e casas vazias.

Apagavam-se os traços, silenciavam-se as vozes, abafavam-se os ecos. Inconfessáveis, eram atos fronteiriços entre o aniquilamento do opositor – mesmo quando armado apenas com argumentos – e o sadismo, entre a guerra suja e a deriva mental.

Deles há, sim, que se envergonhar. As penas que a Comissão pode infligir não estão na Lei, e sim na Moral. Seu caminho é o inverso do seguido pela repressão: as testemunhas falarão e serão ouvidas à luz do dia, os traços reconstituídos, os resultados tornados públicos.

Os desaparecidos da vida não devem desaparecer da História e os trabalhos da Comissão talvez venham a ser a maneira mais honesta de lhes dar, enfim, uma sepultura digna. Essa é a moral da história.

Por definição, só os sobreviventes têm o dom de perdoar. Ao fazê-lo, afirmam sua irredutível diferença frente aos que negaram sua humanidade O dom de perdoar não implica o impossível dever de esquecer. Anistia não é amnésia, sintetizou Adam Michnik, ilustre dissidente polonês. É o que repete incansavelmente o reverendo Desmond Tutu, também Prêmio Nobel da Paz, com a autoridade de quem comandou a Comissão de Verdade e Reconciliação, criada por Nelson Mandela, na África do Sul.

A liberação da memória não é um preito ao passado, é uma ponte para o futuro, o cuidado com a transmissão da herança de uma geração a outra. A rememoração atualiza o esquecido, o ocultado ou ignorado, preenchendo um vazio de compreensão sem a qual a juventude é expropriada de uma dimensão de sua vida que, embora não vivida em primeira pessoa, sofre os reflexos e consequências do que foram os gestos de seus antecessores. Como pode um jovem entender o Brasil de hoje, ouvindo dizer que a presidenta da República foi torturada e passou anos na prisão, não sabendo como, quando nem por quê, sem lucidez alguma sobre o passado e sua carga traumática?

A grande nação democrática que o Brasil está se tornando não pode comemorar apenas seus sucessos. Tem a obrigação de visitar suas zonas de sombra para que esses fatos jamais se repitam. Se formos capazes de aprender as lições do passado – tortura, nunca mais, em prisão alguma –, essa será a derrota última dos torturadores e a missão cumprida da Comissão da Verdade. Frente a isso, empalidece o sentimento de revanche. A vingança é uma inspiração arcaica que não rima com o momento promissor que vive o país. O sucesso do Brasil democrático é o mais duro castigo que a história impõe a quem apostou na barbárie dos porões.

O Estado brasileiro tem que fazer o seu trabalho de memória, encarando e admitindo os crimes que cometeu, fazer seu luto, convivendo com a tristeza pelo irreparável e tentando reparar o que ainda é possível: dizendo às famílias e amigos o paradeiro dos seus.

Avessa aos ódios que, no passado, levaram alguns a ver no opositor um inimigo, no inimigo uma coisa desprezível, no limite o "sub-homem" de que fala Primo Levi, a nova sociedade brasileira poderá, então, encontrar a paz da reconciliação. Inescapáveis, verdade, luto e reconciliação são momentos fecundos na história de cada um e de uma nação.

Aquarela do Brasil

O DESPREZO É O SENTIMENTO mais bem distribuído no mundo, já que é quase sempre recíproco. O desgosto da população com a política e o desprezo pelos políticos chegou ao seu clímax. Estamos apenas correspondendo ao desprezo que eles têm por nós, a chamada sociedade brasileira, conceito cada vez menos operacional para explicar as complexidades de uma população de quase 200 milhões de habitantes, vivendo com alto grau de desigualdade, na era global e virtual.

Políticos se importam cada vez menos com o que pensa a tal sociedade, apostando que na hora da reeleição, que é o que mais lhes interessa, memória curta, o concurso de tantos e abundantes escândalos e um marqueteiro eficiente, fazem plástica em qualquer cara de pau. Talvez tenham razão e, se for o caso, quem está em tela de juízo é a democracia representativa, o que é muito assustador. Como evitar que nossa inegociável democracia se desmoralize aos olhos da maioria?

Felizmente o STF vem demonstrando que ela não é assim tão frágil. Redimida a justiça, recria-se a confiança em que seu exemplo repercutirá nos demais tribunais. Nunca será bastante reafirmar a que ponto reencontrar a confiança na justiça é estruturante para uma sociedade e, no nosso caso, um sentimento inaugural.

É possível também que enquanto a política partidária se esvazia, vítima de seus próprios desmandos e mediocridade, o campo político esteja se preenchendo de baixo para cima, no que se passa entre as pessoas.

É possível que a descrença com os políticos seja uma forma curiosa de vitalidade desse campo político, o desprezo como avesso de uma exigência de qualidade, de eficácia, a afirmação de um padrão de autenticidade e perda de paciência com a impostura. O que é certo é que há um novo Brasil que desponta. Cerca de sessenta milhões mudaram de classe com expectativas de ascensão social e sonhos de consumo.

Há um novo Brasil nos milhões de pessoas conectadas na internet, sobretudo jovens que formam sua opinião ao sabor de encontros fortuitos e deletáveis, incontrolável e imprevisível jogo de influências.

Internet, sites, blogs, celulares são instrumentos decisivos na emergência de uma opinião pública informada e na ampliação dos espaços públicos de debate, um debate que ninguém controla. Essas pessoas querem uma nova relação com o poder e não obedecem a palavras de ordem; querem ser respeitadas na sua capacidade de entender problemas e tomar posição. Ninguém quer ser apenas espectador de programa eleitoral, quer dar palpite, ser ator de um programa que milhões vão tecendo aos trancos e barrancos, ao sabor de uma informação fragmentária, desafiando a democracia contemporânea a integrar essa cacofonia. Seu sentido escapa a candidatos egressos da velha política dos aparelhos e dos partidos carcomidos ou que não têm mais nada a dizer

Quem tem algo a dizer, a propor como futuro a essas massas desconhecidas, informes e imateriais? O país está pedindo uma nova aquarela do Brasil, que abra a cortina do futuro. Que cada um escreva a sua, passando em revista tudo de que podemos nos orgulhar, o país que temos vontade de cantar e defender.

Todo dia é preciso pensar nas cores quentes dessa nossa aquarela do Brasil, repetir como um mantra, como uma oração, que não são eles que nos representam e que se assim é, não pode ser senão um intolerável equívoco.

Um mistério brasileiro é a coexistência desses políticos inomináveis com artistas excepcionais. Não parecem filhos da mesma mãe gentil.

Há um novo Brasil que volta as costas aos desmandos de Brasília. Ele está em muitos outros lugares e é para lá que é urgente olhar. Está no canto límpido e centenário de Dona Canô, em que a câmera de Andrucha Waddington flagrou o que o Brasil tem de melhor. Ela canta e nós entendemos o milagre e o mistério de dois grandes intérpretes do país, que cresceram ao som dela, sob um teto modesto, parecido com tantas outras casas do interior. Eles são o nosso melhor, nossa memória e nosso futuro.

Está nos movimentos precisos dos meninos e meninas que Ivaldo Bertazzo tirou da rua e fez dançar em perfeita disciplina, harmonia e espírito de equipe, criando um verdadeiro movimento, no duplo sentido, de beleza no lugar da desolação. Fernanda Montenegro estava lá, entre eles. Fernanda está sempre no lugar certo. Alguém subiu da plateia, um homem comum, e a tirou para dançar. Dançaram. Esses também são o Brasil.

Está nos muitos anônimos, voluntários, que se preocupam e se ocupam dos dramas da cidade, os que dão um pouco do seu tempo para ajudar um vizinho a viver melhor. No amigo que ainda encontra tempo para ouvir o outro.

Está nas festas, na alegria dos bares, no barroco segundo Bia Lessa, na loucura posta em cena na Avenida por Joãosinho Trinta. Está no olhar de Chico Buarque e nas entrelinhas de suas estrofes.

O Brasil são tantas coisas assim, tantos ângulos possíveis da alegria e da dignidade, tantos talentos que não há por que chafurdar na Praça dos Três Poderes. Esse o grande mistério nosso, expressões artísticas admiráveis cuja força provém exatamente do mergulho que fazem na cultura e é de lá, desse mais fundo da alma, que tiram forças para neutralizar a lama brasileira, criando territórios liberados de poesia. Quem não percebe que, há anos, Maria Bethânia vem fazendo isso, adentrando o Brasil, seguindo seu próprio norte, de onde volta carregada de canções preciosas. Seus shows, melhor dizendo, concertos, são a expressão desse garimpo. Vai assim afirmando uma pureza artística e uma dignidade pessoal que lhe valeu o mais longo e merecido aplauso em cena aberta a que já assisti.

Se é isso que aplaudimos nela é porque alguma coisa em nós clama pela dignidade que ela encarna, se reconhece na sua autenticidade e desejaria que o país fosse à sua imagem. Há esperança.

O Congresso virou um circo, dizem os desiludidos. Que injustiça é invocar em vão o nome do circo, na terra da Intrépida Trupe, para conotar o negativo, o lado sombrio do país. Quisera ele fosse um circo como essa trupe, um nervo vivo, um músculo elástico, uma plástica perfeita, respondendo à esclerose e à feiura da política. Levado por gente de alma intrépida – intrépidos são os que não tremem, não vacilam, não se acovardam – porque se sabem competentes em cada gesto preciso, sem erro, pondo na confiança nos companheiros a própria vida, saltando sem rede nos seus braços. Um presente, um espetáculo de incrível beleza, com que comemoram seus 25 anos de luta pela sobrevivência, em galpões pobres e mal iluminados, mas suficientemente altos para pendurar o trapézio.

Nascida do nada, cresceu à força de paixão, de alegria no fazer o que se gosta. Na contramão de um tempo em que os jovens envelhecem cedo, submissos às regras do jogo do *quem não ganha perde,* há décadas uma trupe de saltimbancos emociona porque é testemunho de frescor, de capacidade de assumir riscos e superá-los com competência e inventividade. Não, o Congresso não é um circo. Procure-se outra imagem para descrever nossas misérias. E no entanto o Brasil produz a Intrépida Trupe. Dessas cores luminosas também é feita a Aquarela do Brasil.

Sobre verdades e silêncios

AS CARANTONHAS DE TORTURADORES e estupradores voltaram a assombrar os telejornais no último mês. Tudo os aproxima, parecem feitos de um mesmo barro. Inspiram igual indignação e repulsa. É melhor retirar as crianças da sala, é cedo para que conheçam o lado tenebroso do ser humano.

Estupro e tortura são crimes que exprimem uma radical negação da humanidade do outro. É martirizando o corpo que o torturador obriga alguém a falar. A força bruta parte ao meio a vítima, anula sua vontade, obrigando-a a fazer o que mais lhe repugna. O corpo, pela dor, cumpre o que o espírito recusa. A vítima se esfacela e carrega, desde então, um injustificado, mas recorrente, sentimento de culpa.

O estupro não é somente um crime covarde contra as mulheres. Desfigura suas relações mais íntimas com os homens, é um crime contra o amor. Ancestral, tem suas raízes na lei da selva e fermenta nas múltiplas agressões ao sexo feminino com que a sociedade contemporânea – o que é estarrecedor – ainda convive. O *apartheid* supostamente necessário nos trens da SuperVia é o exemplo da sobrevivência desse comportamento primata.

Desde que uma turista canadense foi violada dentro de uma van no Rio de Janeiro, o que provocou intensa comoção, veio à tona o que a opinião pública não sabia: não se trata de um caso esporádico. Existem no país dezenas de iniciativas solidárias que acolhem e socorrem mulheres violadas, e nesses círculos é sabido que o estupro é uma ameaça que paira sobre qualquer mulher e independe da aparência ou personalidade da vítima.

Os dados oficiais, registrados nas Delegacias de Atendimento à Mulher, revelam a média de 17 casos de estupro por dia no estado do Rio de Janeiro, o que caracteriza uma epidemia, aberração que clama por uma ação pública exemplar. Quantas outras calam por vergonha ou medo? A vergonha, o sentimento de imundície, de desonra, tudo corrobora na destruição psíquica da vítima que se refugia, solitária, no silêncio, sem que por isso se cale sua memória dolorida.

No estupro, como na tortura, um paradoxo perverso se instala: as vítimas se autoflagelam enquanto os algozes se autoabsolvem. "Ela é uma sedutora, que me provocou", diz o sádico travestido em pobre coitado. "É assim que se lida com terroristas", proclamam os arautos da necessidade e da eficácia da tortura. Dar crédito a esse tipo de justificativa é uma forma de cumplicidade.

Tortura e estupro são crimes cujo alcance transcende as vítimas. Atentam contra a essência mesma de nossa humanidade, levam à falência todo um processo civilizatório que aboliu a lei do mais forte. Pela ferida que abrem no psiquismo individual e coletivo, requerem uma tomada de posição radical da sociedade a favor da vítima, jamais do agressor. Sob pena de abrir uma fenda em si mesma, por onde passam os argumentos que vão corroer a democracia e acobertar barbáries.

O legado das ruas

Rios de gente invadem as cidades. Transborda o descontentamento. Não foi súbito nem inexplicável. Há muito tempo jovens lotavam as avenidas virtuais por onde passam as redes sociais protestando contra a humilhação a que estávamos submetidos.

Quantos assinaram a Lei da Ficha Limpa, o que de melhor se fez como ação cidadã nesses últimos anos? Aprovada, Renan Calheiros foi eleito pelos seus pares presidente do Congresso. E gargalhou.

Quantos festejamos o resultado do julgamento do mensalão em que o Ministério Público teve um papel fundador? Um obscuro deputado pariu um monstrengo, a PEC 37, tentando paralisar o MP enquanto a execução das sentenças vai sendo posta em risco por chicanas jurídicas que desmoralizam a Justiça.

Quantos pedimos a saída imediata do infelicíssimo Feliciano, cuja incurável doença do ódio quer curar o amor alheio, na contramão da sociedade que avança no sentido das liberdades, propulsada sobretudo pelos jovens que delas não vão abrir mão? Feliciano preside a Comissão de Direitos Humanos, cada vez mais cinicamente agressivo graças à inércia e à cumplicidade de todos os partidos.

Cresceu a percepção de que a Casa em que deveriam se refletir nossos interesses se transformara em um depósito do lixo da corrupção. Somados, somos quantos milhões? Quantos milhões de roubados, de traídos?

O que está acontecendo é novo por sua amplitude e pela rapidez da mobilização. Mas o desgosto e a indignação são antigos. A juventude supostamente apática, desmiolada, desinteressada do país, sem história, está aí, fazendo a sua e a nossa história. Se a fagulha foram vinte centavos, convenhamos que menos que isso estava valendo a dignidade da população.

Um abismo separa a sociedade brasileira de seus representantes deixando no ar o inadiável repensar do sistema político que perverte a democracia representativa, que já não representa ninguém, como dizem, com razão, os cartazes nas ruas. E, ao dizê-lo, longe de atacar a democracia, os manifestantes a estão revitalizando em sua expressão contemporânea. Esse, o primeiro legado do movimento.

O escárnio passou da conta. Quanto mais zombavam de nós e frustravam nossas esperanças, mais o protesto virtual ganhava corpo. Veio às ruas, em carne e osso.

A truculência da polícia argumentou com balas de borracha. A violência policial tem como outra face da sua moeda podre o vandalismo, minoritário e boçal. Ambas atentam contra a democracia. A violência da polícia é responsabilidade do Estado. A dos vândalos – eufemismo para perigosos pescadores de águas turvas – é responsabilidade do Estado e do movimento de protesto, a quem cabe isolá-los, condená-los, demarcando-se de quem nada tem a ver com seu espírito amplo e luminoso, que não rima com incendiar uma das joias da arquitetura mundial, o Palácio Itamaraty. Gente encapuzada, bestas-feras que agridem o patrimônio público, deve ser investigada e punida. De onde quer que venha, violência nunca mais há de ser outro legado do movimento.

O movimento que está nas ruas não é pré-político, como já foi dito, mas pós-política. É contemporâneo de novas formas de comunicação e ação pública. Habita o mundo complexo da interlocução imediata entre jovens e adultos de uma classe média que vem se expandindo, suficientemente informada para criticar a má qualidade dos serviços públicos, consciente de que a corrupção conta a história desse desastre. Corrupção nunca mais, legado maior da voz das ruas.

Inútil interpretar o movimento com os instrumentos da velha política, esvaziando-o de seu ineditismo. Viciados nos seus próprios métodos, os políticos, Maquiavéis de quinta categoria, perguntam-se a quem aproveita, temendo-se uns aos outros, penetras na festa em que não são bem-vindos. Incapazes de enxergar fora de seu mundo autista que há vida lá fora, não percebem que essa massa que canta o Hino Nacional, cujo mal-estar atingiu um ponto crítico, não está a serviço de ninguém, senão de si mesma, de sua justificada aspiração ao bem viver.

A agenda fala por si: saúde, educação e transporte, serviços essenciais ao bem-estar. Bom governo, transparente, honesto e eficiente. E a liberdade de cada um viver a sua própria vida. Na linha de frente da manifestação de Brasília, um arco-íris desafiava o céu trevoso dos fundamentalistas.

Quanto aos governantes, serão doravante julgados pela resposta que forem capazes de dar a esta incontornável agenda da sociedade. Rios de gente invadem as grandes cidades e seus afluentes se multiplicam. Em que mar irão desaguar, impossível saber.

Os jovens

EM UM QUEBRA-QUEBRA que assustou os bairros de Ipanema e Leblon, arruaceiros infiltrados em uma manifestação pacífica conseguiram envená-la. Eram poucos, o estrago foi imenso. Os manifestantes são agora acusados por autoridades de serem manipulados, o que esvazia sua autenticidade e desvia o conteúdo das demandas da rua para a querela personalista. Como se as ruas nada fossem senão marionetes coadjuvantes da tragicomédia partidária. Essa acusação injusta desfigura um movimento cuja causa é nobre.

Os jovens têm o desafio e a responsabilidade de, sem ambiguidades, demarcar-se dos vândalos preservando a lição de democracia que vêm dando ao país. Violência não rima com liberdade.

É difícil entender o novo. O novo atrapalha a teoria.

Quem foi jovem em 68, com saudades de si mesmo, busca similitudes entre os manifestantes de hoje e aqueles de quase meio século atrás. Em vão. Não se é jovem duas vezes, a escultura do tempo é impiedosa. Os jovens de hoje nada têm a ver com aqueles, afora a indignação.

Na efervescência em que vive o país, com partidos políticos e sindicatos agonizantes tentando um ultrapassado protagonismo, são os jovens, esses desconhecidos, que esboçam o futuro. Enquanto os partidos se aferram à tomada do poder, eles tomam a palavra e dão exemplo de exercício democrático em que o poder se distribui em múltiplas instâncias de participação.

Quem foi às ruas nesses dias nasceu depois da queda do Muro de Berlim e fez-se adulto quando aluíram as torres gêmeas. Não se define como esquerda ou direita. Não atende a convocatórias de Fulano ou Beltrano. São cidadãos da nação Facebook, um Estado virtual sem fronteiras.

A rede é a grande revolução social que viram nascer e crescer, proeza tecnológica de que são contemporâneos onde se geram os valores de que estão imbuídos: partilha, liberdade de expressão e gratuidade. Diferentes no conteúdo, as manifestações, mundo afora, são similares na forma de organização e expressão porque emergem da cibercultura que é a cultura global contemporânea.

Pós-ideológicos, nossos jovens concentram suas exigências na liberdade, no bem viver e na condenação da corrupção. A liberdade herdada da luta de outras gerações, um patrimônio cujo valor mal avaliam; quando ameaçada, defendem.

Acusados de individualistas, vivem do compartilhamento da informação e, à sua maneira, têm uma vida em comum, posta a nu e acessível a todos, fazendo da transparência uma regra que querem válida em todos os espaços. Daí a ojeriza às zonas de sombra, à trapaça, que consideram a regra do jogo partidário.

Criados na liberdade de expressão absoluta, tocando às vezes as raias da irresponsabilidade, a irreverência juvenil encontrou na rede seu instrumento ideal, que lhes garante não só o direito de se exprimir, mas sobretudo o de ser ouvido, quiçá por milhões de interlocutores.

A gratuidade que experimentam no consumo dos bens culturais disponíveis na rede – ou o que percebem como tal, apesar de essa gratuidade ter valido ao criador do Facebook uma das maiores fortunas do mundo – se traduz na demanda radical de um mundo sem dono.

Na contramão do "tudo tem seu preço", a juventude "face" tudo disponibiliza, o que é seu e o que é dos outros, tem uma espantosa intimidade com a ideia de que tudo lhe pertence, e de graça. O que exacerba sua indignação quando privada daquilo pelo que paga – ou pagam seus pais sob a forma de impostos.

São contra escolas sucateadas, a doença da saúde pública, a infelicidade feliciana e o transporte que não chega a lugar nenhum. Sua meta-demanda é o fim da corrupção. Não merecem a pecha de apolíticos. A rede não os faz individualistas, e sim autônomos e conectados. Capta e traz à tona, na palavra de cada um, tendências de opinião, cria solidariedades que se inscrevem nos seus cartazes.

Sua mobilização instantânea e geométrica provocou um curto-circuito no enferrujado motor das máquinas partidárias que entraram em pane e em pane continuam. Envelheceram no diálogo de surdos com essa população, esmagadoramente jovem, que de repente entrou em cena.

Considere-se um progresso, um retrocesso ou um progresso que contém riscos, nada muda o fato de que as redes existem, são um ator político relevante, a ágora da pólis do século XXI.

Não há que pôr a culpa nos jovens. Cabe às autoridades identificar quem pratica atos criminosos, dizer à população quem são, impedir sua ação. Confundir os manifestantes com os baderneiros é dar ganho de causa a esses criminosos que tentam, na multidão, se confundir com eles.

ESPERANÇAS
E
ESPERTEZAS

Esperanças e espertezas

RECEBI COMO UMA HONRA o convite, que agradeço, para participar do ciclo "Ética e cidadania em tempos de transição", da Academia Brasileira de Letras.

Uma honra, mas também um desafio que foi talvez temerário aceitar, já que os tempos de transição que vivemos, contrariamente a outros momentos em que o futuro amadurecia lentamente e se desenhava com alguma nitidez, são tempos de aceleração histórica, que se apresentam como uma máquina desenfreada, embrenhando-se em alta velocidade em territórios que até então pertenciam à ficção científica.

Não se trata de uma banal passagem de uma geração a outra com seus desencontros e incompreensões. Trata-se, no espaço de uma biografia, da ruptura de referências estruturantes, como território, família, trabalho, sexualidade, nascimento e morte.

Creio que estamos vivendo o privilégio e o risco de testemunhar não um tempo de transição, mas uma mudança de era. Minha geração veio ao mundo quando o mal mostrara sua face diabólica em Auschwitz. Assistiu à desintegração do átomo e sua transformação em artefato nuclear. Foi contemporânea da ruptura do paradigma milenar que separava o mundo dos homens e o mundo das mulheres. Assiste estarrecida à leitura do código genético e sua tradução em oportunidades e ameaças para a espécie; participa das angústias de um planeta que se reconhece vulnerável e finito.

Folheando recentemente um número especial da revista *National Geographic,* fui surpreendida por uma lista de lugares imperdíveis a serem visitados ao longo da vida. Entre o Rio, Veneza, as Pirâmides de Gizé e a Muralha da China, lá estava o ciberespaço. Os chamados internautas já se contam em bilhões. Há quem acredite que – se um dia vivemos no campo e depois nas cidades, hoje vivemos no ciberespaço. A vida real se vai desdobrando nesse outro mundo misterioso da virtualidade que incide sobre ela como um meteoro que se chocasse com o planeta.

Há razões de sobra de perplexidade e ela é tanto maior quanto aumenta a volatilidade e a fragmentação da informação, deixando o desagradável sentimento de que temos acesso a tudo e não entendemos quase nada. Um meteoro já pôs fim a uma era. Seremos nós os dinossauros de hoje? Que tempos de transição são esses em que estamos vivendo e que nos sucederão?

Jorge Luís Borges criou um lugar imaginário em que se negava o tempo: o presente era indefinido, o futuro não tinha realidade senão como esperança presente, o passado não tinha realidade senão como lembrança presente. Tinha razão. Passado e futuro estão no presente. Daí ser impossível entender os tempos de transição sem referência ao passado e sem menção ao futuro.

Pensar a ética nos dias de hoje provoca uma estranha sensação de tentar entender um tsunami no momento mesmo em que se é varrido por ele. Talvez provenha daí o sentimento de urgência, percepção de uma catástrofe à espreita e, portanto, necessidade de um esforço de compreensão ainda que acompanhado da consciência trágica da vulnerabilidade do pensamento frente à incerteza de um mundo que emerge, inédito e surpreendente.

No redemoinho das transformações científicas e culturais, não é só a alma dos indivíduos que tenta não soçobrar. Nesses tempos de transição, também as sociedades buscam elaborar uma ética e um sentido que lhes permitam sobreviver.

Não por acaso estamos aqui. O tema da ética é um dos grandes interrogantes do nosso tempo. Não por acaso uma instituição do porte da Academia Brasileira de Letras se debruça sobre ele. Da microdimensão da célula à macrodimensão do mundo globalizado, somos chamados a fazer opções em que a dignidade humana e a sobrevivência na Terra estão em jogo.

Quer se trate das biotecnologias, do periclitante sistema financeiro global, do intrigante ciberespaço, da agonia da democracia representativa, somos chamados a nos definir, pensar o certo e o errado, o justo e o injusto, fazendo permanentemente escolhas de caráter ético face a objetos e situações até então desconhecidos.

Quanto a nós, sujeitos dessas opções éticas, a sensação de deriva, de errância, a caducidade dos sistemas de valores, quando tudo se equivale e é efêmero, a perda de pertencimentos, tudo isso alimenta o sentimento de vazio e deixa uma carência, uma demanda de valores que iluminem a nossa convivência com o outro – próximo ou distante – que nos contempla.

Pois sendo a ética a mais eloquente expressão da liberdade individual, na ética de cada um está, indelével, a presença do outro.

O rosto de que fala Emmanuel Levinas, aqueles a quem devemos a solicitude que Paul Ricoeur defende, o interlocutor, ainda que discordante, fundamento da ética da discussão de Habermas.

O outro a quem Sartre atribuía a mesma liberdade que a si mesmo, ainda que isto pudesse se constituir no inferno. O outro que nega a nossa humanidade, como o oficial nazista que olha para Primo Levi como um sub-homem. O outro por quem sou responsável de Hans Jonas. Nessa relação, eu e o outro, repousa nossa própria humanidade, já que a ética como capacidade de distinguir o certo do errado, o justo do injusto, assim como a linguagem, é a marca do humano.

Nada levaria a crer que tal atributo brotaria de nosso plasma instintual, nós que somos parte de uma natureza cujas leis predatórias não conhecem a compaixão. Não é certamente na natureza que o homem buscou inspiração para incorporar, à sua evolução, as normas éticas e os juízos de valor que criamos.

Nos três bilhões de anos que precederam a aparição do homem na Terra, a história natural da vida não registra piedade entre as espécies, cada uma lutando pela sua sobrevivência. Fomos nós que nos rebelamos contra a ordem natural. Fomos nós que chamamos de crueldade a destruição do mais fraco que a natureza aceita como seleção natural. Somos nós que conhecemos a compaixão diante do sofrimento.

Inventamos o conceito de direitos humanos – manifestação radical de solidariedade para com o outro, inclusive quando longínquo ou estrangeiro. Nas palavras do professor Jean Hamburger, biólogo e membro da Academia Francesa, "lapidamos a joia do nosso espírito, a noção de direitos humanos, nossa decisiva afirmação, um salto na evolução".

Foram as normas éticas que nos arrancaram da condição animal, que deram nobreza à aventura humana. A convivência construída sobre normas éticas não é um dom da natureza, é uma conquista permanente, uma criação cotidiana. É esse desvio da lei natural, muito mais do que qualquer progresso tecnológico, que nos faz humanos.

Sabemos todos que a memória ancestral da fera dorme em nós, mas sabemos também que foi para domesticá-la que criamos a civilização. Nesse sentido, o vazio ético é um retrocesso civilizatório, um retorno ao embrutecimento.

Edgar Morin resume assim essa trajetória em busca de nós mesmos: a ética é uma emergência que, como toda emergência, depende das condições sociais e históricas que a fazem emergir. Mas é no indivíduo que se situa a decisão ética: cabe a ele eleger seus valores e finalidades. Já que escolher valores e viver no seu compasso ainda é o que dá sentido às nossas vidas.

Um indivíduo e o seu outro, as balizas incontornáveis de um tempo e de um espaço, esses os condicionantes da opção ética, hoje uma árdua tarefa para quem já não se pode valer da segurança das certezas.

A perda de referências que nos acolhiam como certezas deixa ao relento todos aqueles que sem a obediência aos ensinamentos que a fé sustenta, tampouco não encontrando mais a âncora das ideologias, que, em troca do céu, ofereciam a utopia dos amanhãs que cantariam, estão condenados a construir sua própria ética.

Tampouco encontram a segurança das famílias tradicionais, onde o enredo da vida familiar se distribuía em papéis bem ensaiados. Esses enredos passaram por tantas vicissitudes, à deriva da realidade amorosa, são tantas as novas configurações familiares que hoje é difícil falar de família no singular. Esses papéis claramente distribuídos perderam sua força de convicção e por isso se representam hoje com todos os riscos da novidade e da improvisação.

Até meados do século passado, nascíamos herdeiros de normas que já nos esperavam como uma imagem impressa no espelho para nos dizer quem éramos ou como deveríamos ser. Religião, tradição e ideologias determinavam identidades que, de certa forma, traziam a marca de destinos não escolhidos.

Tempos em que uma verdade revelada, uma ordem imutável ou uma grande narrativa nos diziam como bem viver ou morrer. O sentido da vida, mesmo quando se encontravam pedras no meio do caminho, vinha dado como uma espécie de mapa que, se bem consultado, nos levaria às portas do paraíso, ao porto seguro da Razão, ou acertaria o nosso passo ao passo da História. Qualquer que fosse a moldura, era uma proteção eficiente contra os descaminhos, o som e a fúria de uma história contada por um idiota ou contra a inconveniência de ter nascido, que tanto acabrunhava Cioran.

A herança de outras gerações, imperativa, nos protegia, pelo menos em certa medida, da angústia, da incerteza e da incompletude que afligem o indivíduo de hoje, errante em um mundo desencantado, condenado à autoria de seu próprio destino, contemporâneos que somos dessa espécie de mutação que nos deixa, ao mesmo tempo, órfãos e surpreendentemente livres.

Exilado do mistério, distante da tradição, descrente das "teologias de substituição" ou "religiões laicas" de que nos fala George Steiner, o indivíduo está condenado à liberdade de escolha, desafiado a construir a sua ética. O que não impede que muitos, por convicção e por livre escolha, pautem suas vidas por princípios religiosos ou princípios laicos de devoção a uma causa. O que prima é o direito de escolha.

Na vida cotidiana, tomamos decisões dificílimas na esfera íntima que implicam valores, noções de certo e errado. Esta elaboração, por penosa que seja, por cada um de seu código ético é o contrário mesmo da leviandade. São decisões via de regra longamente refletidas, tomadas em consulta com as pessoas mais próximas.

Paul Ricoeur define estes contextos de deliberação íntima como "círculos de confiança" nos quais emerge uma "consciência individual ampliada". Já não se age porque tem que ser assim, mas porque, em diálogo com aqueles em quem confiamos, decide-se que assim seja.

A ética, em nossos tempos de transição, não é uma herança, é uma construção. Essa construção tem a delicadeza de um vitral, trabalho artístico capaz de agenciar fragmentos, extraindo deles um sentido e uma luminosidade.

Esse processo virtuoso de afirmação da liberdade individual, de ampliação de direitos, foi atropelado nos anos 80 pela hegemonia no plano mundial de uma nova religião laica, uma ideologia invasiva fortemente centrada não no indivíduo, mas no individualismo.

Num espantoso deslizamento de sentido, passamos do exercício da liberdade individual à exaltação do cada um por si e contra todos. A devoção ao deus-dinheiro passou a imperar sobre uma sociedade de consumo onipresente, em que é fácil reconhecer na opulência e arrojo arquitetônico dos grandes bancos as catedrais do tempo presente.

A economia ocupou o lugar da filosofia e da teologia, substituindo o bem *agir* pelo *investir*, a *ação* pelas *ações*. A ganância assumida e valorizada como medida de sucesso relegou a ética ao estatuto de ingenuidade e outorgou à criminalidade o estatuto de esperteza.

As escolhas que fazemos ao longo da vida dependem fundamentalmente daquilo a que atribuímos valor. Escolhemos uma coisa ou outra em função do que cada uma vale para nós. Os valores valem pelo que são.

Na lógica mercantil é diferente. Não se pergunta o que vale alguma coisa, mas quanto vale. A existência do valor é relativa e conversível a uma moeda de troca, o dinheiro. Quando o valor no sentido econômico invade o campo dos valores que vêm de dentro de cada um de nós e cujo sentido independe do seu valor de troca, uma mudança de sociedade está em curso. Uma mudança para pior.

A sociedade de mercado atribui um preço a todas as coisas e torna invisível o que não anuncia o seu preço. Por definição, o que é gratuito não tem valor. Nesse rol se incluem os gestos de generosidade e solidariedade – a acolhida e cuidado para com os mais frágeis e vulneráveis –, que não são passíveis de contabilização monetária.

A economia de mercado impôs sua lógica à sociedade, contaminando e corrompendo a ética de campos profissionais, como a medicina, o ensino e a própria ciência. Transformados em produto, saúde, conhecimento, pesquisa caíram no círculo infernal da compra e venda, destruindo a confiança e gratidão que cada um de nós conheceu face a um médico, um mestre, um cientista.

O espetáculo confrangedor da degenerescência da política e da corrupção que se infiltra em todos os interstícios da vida pública não é certamente estrangeiro a esse primado do deus-dinheiro. Tudo isso em nome da sacrossanta racionalidade do mercado.

Ora, nada é mais irracional do que a decantada racionalidade dos mercados. Quando ficam nervosos, entram em pânico e arrastam tudo de roldão. A formatação desenfreada dos chamados derivativos ou "produtos estruturados", miragem de fortuna oferecida aos incautos pelos espertos, nos levou à beira de um desastre de proporções inimagináveis cujo risco ainda é real e iminente. Frente a tamanho desvario, é uma exigência mínima de racionalidade a reconstrução de uma ética que nos devolva a esperança e nos livre e guarde dos espertos.

Foi no campo da ciência que emergiu, com maior nitidez, a consciência da ameaça que a lógica do deus-dinheiro imprime ao mundo. Talvez pela gravidade das consequências que o vazio ético, nesse campo, possa trazer. Porque os progressos das ciências são também os da nossa ignorância. São como velas que, numa catedral, menos iluminam do que dão a ver a amplitude da escuridão do que não sabemos.

Doar órgãos é um ato de liberdade que depende de uma decisão individual, inspirada pelos valores da gratuidade e generosidade. Vender órgãos pelo melhor preço é a última volta de parafuso na lógica perversa do mercado.

Em um campo mais complexo, os avanços das biotecnologias, seu ineditismo, levantam questões que põem em jogo a dignidade humana na medida mesma em que apagam as fronteiras entre natureza e cultura, dando ao corpo uma dimensão de transformação possível, introduzindo-o na história humana da natureza.

A expressão "história humana da natureza" foi cunhada por Serge Moscovici para quebrar a tradicional separação entre natureza e cultura, trazendo à luz as interações entre ciência, tecnologia e ambiente natural ao longo da nossa trajetória. Hoje ela se aplica às interações entre ciência, tecnologia e o corpo humano.

O corpo, âncora em que todos nos reconhecíamos, tornou-se uma natureza incerta, incerta como é sempre a História, que se abre em possibilidades múltiplas. O que se torna possível atravessa imediatamente o campo do desejo e deixa no ar a pergunta: tudo que é possível é desejável? Que decisões são de caráter individual, quais afetam interesses coletivos?

Decisões sobre nascimento, sexualidade e morte solicitam das sociedades contemporâneas uma construção de valores no plano coletivo similar à que orientou a tomada de decisões sobre questões da vida privada. O corpo humano é um bem negociável como outro qualquer?

Órgãos, células, sangue, genes podem constituir um mercado inesgotável e assustador em que esses "produtos" derivados do corpo humano se transformem em bens vendáveis. A clonagem de seres humanos e a fabricação de tecidos ou órgãos possibilitada pelas células-tronco clamam por um balizamento que preencha o vazio de normas morais.

Vivemos um problema maior, que não é só brasileiro, um problema do nosso tempo. A ciência avança bem mais rápido em suas descobertas do que progride moralmente o espírito humano.

O caso da clonagem é emblemático. Coexistem no tempo a incrível performance da ciência que desvenda o código da vida, permitindo a sua recriação, e os mais medíocres e baixos instintos que, em torno da clonagem, se vêm manifestando.

Em suma, como espécie não estamos à altura de nós mesmos, e se a clonagem é uma aventura perigosa, a não ser tentada, não é só por causa dos clones e sua aura de mistério, mas pela ameaça dos que não são clones e que expõem claramente suas sinistras intenções mercantis face à nova técnica. Daí que a interdição da clonagem reprodutiva seja, acima de tudo, uma precaução social, que há de ser global, e a sua transgressão um crime contra a humanidade.

Os medos que as novas biotecnologias inspiram só podem ser enfrentados com progressos no campo do espírito, tão radicais quanto as possibilidades de intervenções no corpo. Não há por que atribuir às biotecnologias em si um gosto faustiano de pacto com o diabo. Esse gosto não é inerente a elas, é próprio dos espertos que as manipulam com intenções de lucro.

Comissões de bioética compostas por cientistas, juristas, religiosos e filósofos assumiram a tarefa de pensar e deliberar sobre estas questões, preenchendo vazios suscetíveis de abrigar abusos e arbítrios. Estas instâncias passaram a desempenhar no espaço público o papel que já vinha sendo cumprido pelos círculos de confiança no espaço privado. São uma projeção na escala da sociedade de uma consciência individual alargada. Restabelecem a ética da discussão. São portadoras de esperança.

O que nos faz lembrar o mito de Pandora – aquela, a da caixa que continha todos os males, que ela, curiosa, deixou escapar. Também ela nascida de um processo artificial, fabricada com a argila de Hefaísto, a beleza de Afrodite, a astúcia de Hermes, o sopro vital de Atena, quis saber demais, soltou as misérias guardadas na caixa. O que nos consola, se consolo há, é que, no fundo da caixa, soterrada por todos os males, lá estava a esperança, que, mesmo esmagada, custando a sair, a duras penas também escapou.

Creio que a preservação ou não da dignidade humana se decidirá doravante entre esperanças e espertezas. A esperança que por último escapou da caixa de Pandora é o nosso melhor antídoto contra as espertezas de todo tipo que nos assolam. Que esperança é essa?

Tem razão Edgar Morin quando alerta que não se trata de encontrar novos princípios morais, de elaborar uma ética adequada ao nosso tempo. Trata-se de regenerar a ética, não para que se adapte ao nosso tempo, mas, visto a carência de ética de nosso tempo, adaptar nosso tempo à ética. O que está em jogo hoje é a preservação da dignidade humana, a busca de um balizamento ético que ilumine os debates e oriente a ação sobre os grandes desafios globais.

Se a gênese da ética constituiu um acontecimento inaugural da espécie humana, a chegada ao sentimento de cidadania planetária talvez tenha igual importância, e talvez venha a ser o próximo grande salto evolutivo que transformará, enfim, a espécie humana em humanidade.

A afirmação dos direitos do indivíduo frente ao próprio Estado, quebrando o primado da soberania nacional, e o reconhecimento de uma "comunidade de destino" para os povos da Terra colocam a "humanidade como sujeito" e a "fundação do mundo" como horizonte histórico. Exemplo eloquente é o da universalidade dos direitos humanos, o debate entre culturas para definir o sentido dessa universalidade que aponta para o que o acadêmico Celso Lafer chamou, em uma expressão feliz, "um ponto de vista da humanidade".

Novos atores entram em cena, inventando novas formas de participação, argumentação e deliberação. Lembro-me de minha surpresa ao receber, exilada em Genebra no início dos anos 70, uma carta me convidando a escrever "cartas de liberdade". A mensagem lembrava que todos já havíamos escrito cartas de amor, de pêsames, de recomendação ou de pedido de emprego. Tratava-se agora de enviar pelo correio cartas a chefes de Estado, juízes e diretores de prisões pelo mundo afora denunciando abusos contra os direitos humanos praticados contra presos políticos.

Este gesto singelo ao alcance de todos foi a estratégia da organização Anistia Internacional para envolver o maior número possível de pessoas na luta contra a tortura e os gulags que então proliferavam de norte a sul do equador. Foi naquele momento – antes mesmo de ter cometido seus crimes – que Pinochet começou a ser condenado...

Anos mais tarde, aparecem os "barcos da liberdade", acolhendo os refugiados de todos os conflitos à deriva nos mares em busca de um porto seguro. Esta iniciativa da organização Médicos sem Fronteiras introduz no direito internacional a figura original do "dever de proteção" a populações em situação de risco extremo.

A estas formas de solidariedade através do espaço, por cima das fronteiras nacionais, se somou a forma inédita de solidariedade através do tempo, das gerações, em prol da preservação do planeta.

Em 1992, na noite que precedeu a abertura da Eco 92, a Cúpula da Terra sobre o meio ambiente, milhares de mulheres, do mundo inteiro, fizeram uma vigília na praia do Leme, que intitulamos Celebração da Esperança. Os documentos da época chamam de inaceitável o desequilíbrio da Terra que sentimos hoje na disritmia das estações, na chuva que cai assassina, na desolação das florestas amputadas, na deriva dos polos, no lixo sem sepultura, na morte do mar.

Falam do desencontro das gentes que sentimos hoje na invisibilidade do outro, no preço de cada gesto, na impiedade do mercado, na solidão dos continentes esquecidos, no desterro do sentido, na negação do sagrado, no silêncio do feminino, na timidez da esperança. Alertam para o descaminho da vida na perversão da matéria, na industrialização da célula, no delírio da ciência, no exílio da ética.

No grupo organizador de que fiz parte havia uma queniana que, com outras mulheres de seu país, abraçava as árvores que iam ser cortadas e assim defendia as florestas. Chamava-se Wangari Matthai e anos depois foi agraciada com o Prêmio Nobel da Paz. Não por acaso, organizações ícones destas causas – Anistia Internacional, Médicos sem Fronteiras, Painel Intergovernamental sobre Mudanças Climáticas – viram suas ações reconhecidas pelo Nobel.

A fundação do mundo, alimentada por uma ética de solidariedade e responsabilidade, é um processo em curso que, tal como um universo em expansão, vai criando suas normas e instituições na medida mesma em que se expande por obra e graça da ação dos cidadãos.

A fundação do mundo é a vertente esperançosa dos que resistem às espertezas facilitadas pela globalização. Há quem veja na esperança resquícios de utopia. Sucessivos fracassos transformaram uma palavra que queria dizer uma sociedade ideal numa geografia imaginária, sinônimo de impossível.

O adjetivo utópico perdeu sua conotação de inédito, portador de esperança, e ganhou a de irrealizável, quiçá indesejável. Fico com Oscar Wilde, que dizia: "Um mapa-múndi que não inclua a utopia não merece um olhar sequer porque deixa de fora um país em que a humanidade está sempre aportando. Uma vez no porto, olha em volta, vê um país melhor e enfuna as velas."

Na fundação do mundo, coexistem o velho e o novo. O que se esforça por nascer e o que reluta em morrer. Talvez nada exprima tão fortemente este paradoxo entre o velho e o novo do que a coexistência de uma opinião pública informada e ativa, a mídia alerta e a caducidade dos sistemas políticos cada vez mais distantes do cotidiano das sociedades.

Adaptando uma frase de Alain Touraine, diria que o espaço público se esvazia por cima, com a decadência irremediável das formas de democracia representativa, e se preenche por baixo, com a emergência de novas formas de participação e debate.

É cedo para avaliar o papel da internet nessa participação e debate.

Aqui, sim, cabe a palavra utopia em seu sentido etimológico. Esse não lugar, esse mundo irreal tecido pela virtualidade, sem tempo nem espaço, sem espessura, onde cada um está em todo canto ao mesmo tempo, portanto em lugar nenhum, incorporou-se ao nosso cotidiano. O relato entusiasta de sua incorpórea população, que descreve o mundo virtual como o espaço da liberdade, sem governo, sem centro, sem autoridade, torna pálida a ilha perdida de Thomas More.

Aí estaria se realizando o sonho da Biblioteca de Alexandria, de reunir todo o conhecimento existente no mundo. Independentemente desses exageros e idealizações, é possível que a internet esteja – como disse Federico Mayor – desempenhando o papel de Ágora do século XXI.

É o que parecem confirmar os jovens em revolta no mundo árabe e os indignados dos países europeus.

A esta visão otimista se contrapõe a sensação oposta de que a internet estaria induzindo a um pensamento raso, transformando a leitura de um livro em uma verdadeira proeza. Nas redes sociais há mais relacionamentos entre autorretratos ou máscaras enquadrados em um algoritmo e menos vínculos reais e duradouros. Que sentido tem esse frenesi de relacionamento? Solidão em tempos de destruição de vínculos? Recriação de pertencimentos a qualquer preço, ainda que virtuais e fugazes? Ou outra coisa ainda mal compreendida?

Com seus riscos e oportunidades, a internet é o grande enigma do mundo contemporâneo. Tenho esperança de que seremos capazes de decifrá-lo antes que essa Esfinge nos devore.

É assustadora a hipótese de que a internet esteja provocando uma involução – já que nem toda adaptação ao ambiente tecnológico significa um salto nas capacidades humanas. A destruição do pensamento seria o triunfo último da esperteza sobre a esperança. Segundas vidas, identidades em caleidoscópio, quem é o outro, que consistência tem sua existência na galáxia internet. Que ética emergirá dessas vidas paralelas, deletáveis e indolores que, no entanto, atravessam e transformam o mundo real?

É tempo de concluir e quero fazê-lo falando do Brasil e a partir do Brasil. Relembro o conceito de ética que me serviu de fio condutor: ética como elaboração por cada um em diálogo com os outros dos valores norteadores de escolhas que, no cruzamento de um tempo e de um espaço, dão sentido a uma biografia, a uma sociedade, a um projeto de humanidade.

Estamos habituados a olhar o Brasil pela ótica da antiética, da tragicomédia que a política, reduzida aos políticos, nos oferece a cada dia. Esse equívoco tem o risco de sugerir que nos tempos que correm, em nosso país, há pouco espaço para uma regeneração de nosso tecido social esgarçado pela corrupção metastática.

Há quem afirme que a corrupção, mais que um fenômeno de degradação política, é um traço cultural dos herdeiros de Macunaíma.

Temo que isso seja uma injustiça que fazemos a nós mesmos. Essa não é a cara do Brasil. Escândalos não são a cara do Brasil. São a plástica malsucedida que encobre com alguns traços de modernidade, com as belas curvas de Brasília, o que de mais esclerosado sobrevive na política.

Creio que é na própria cultura brasileira que seja possível encontrar os bons exemplos, argumentos que falariam alto, em nome de valores, num debate global sobre ética. Aqui mesmo, neste palco, convidado pela Academia Brasileira de Letras, Edgar Morin investiu suas esperanças em indivíduos e culturas que, como células-tronco, tivessem o poder de reavivar os tecidos mortos da sociedade global.

Adaptar nosso tempo à ética significa, para nós, brasileiros, identificar na nossa cultura, na nossa sociedade, as células-tronco que podem ser regeneradoras.

Certamente não irei buscá-las no sistema político. Consigo localizá-las lá onde a cultura brasileira aponta para a solidariedade. Prefiro pensar nos muitos que socorreram os flagelados da Região Serrana do Rio de Janeiro, e não nos poucos que roubaram os recursos para seu socorro. Aqueles foram muito mais numerosos que estes.

Prefiro pensar na tolerância religiosa, nosso pendor a ver o mundo pela ótica do sagrado, reconhecendo as diferentes formas de espiritualidade sem que o ódio nos divida. Um forte exemplo e argumento da cultura brasileira quando no campo argumentativo global estão em tela de juízo os fundamentalismos e dilaceramentos de origem religiosa. Que todos os deuses do Brasil assim nos conservem.

Prefiro pensar no Brasil mestiço que, embora marcado pelas sequelas da escravidão – com todas as suas abissais injustiças – tenta corrigir-se sem perder o orgulho de sua mestiçagem. Mestiço não só na infinita gama de tonalidades de peles, mas também de origens, de sobrenomes que atravessaram todos os mares para desembarcar aqui e se fazerem brasileiros. Um forte argumento e exemplo do Brasil quando, mundo afora, as fronteiras se fecham ao diferente e ao estrangeiro.

Penso na solidariedade familiar, qualquer que seja a configuração da família, que ampara os mais fracos e que se expande, por vezes, muito além dos laços de sangue como uma maneira nossa de conviver.

Penso na arte brasileira, antropofágica, ávida do mundo inteiro, com sua extraordinária capacidade de compreensão de outras sensibilidades que acaba por fazer suas e que devolve ao mundo como contribuição generosa e original a uma estética contemporânea.

O Brasil é um microcosmos da sociedade global e, sob muitos aspectos, exemplar. Não quero chorar sobre as mazelas do Brasil nem descrever o que os jornais nos contam todo dia para nosso desgosto e horror. Não é novidade para ninguém que a falta de ética na política está contaminando outros setores da sociedade, já que, ela também exemplar, faz escola e impede que se faça escolas.

Prefiro identificar o que no Brasil está vivo e é regenerador da ética. Há de ser bebendo na fonte do que temos de melhor, e que é muito, no vigor da nossa sociedade que construiremos novos padrões de convivência.

Muitos se orgulham – e eu também – dos progressos do Brasil no campo econômico. Repete-se à boca pequena que estamos nos tornando uma potência, tendo voz no jogo de poder mundial. Possa o Brasil, agora que tem voz, falar de si, desse melhor de sua cultura, como nossa contribuição a uma ética global de reconhecimento e aceitação do outro.

Se fui exageradamente otimista, reservo-me o direito a ter eu mesma, na minha linguagem e nos meus conceitos, meus reflexos de fé e esperança.

Impressão e Acabamento:
GRÁFICA STAMPPA LTDA.
Rua João Santana, 44 - Ramos - RJ